Jens Prewo

111 GRÜNDE, FRANKFURT ZU LIEBEN

Eine Liebeserklärung an die großartigste Stadt der Welt

SCHWARZKOPF & SCHWARZKOPF

Frankfurt ist schön

VORWORT

Würden Sie bitte einmal die Augen schließen und sich folgende Stadt vorstellen. Natürlich können Sie nicht gleichzeitig die Augen schließen und weiterlesen – das weiß ich auch –, aber Sie wissen schon, wie ich das meine.

Stellen Sie sich also eine Stadt vor. Eine Großstadt mit echter Bedeutung für das ganze Land. Eine Stadt, die herrlich grün ist. In der man von fast nirgendwo länger als fünf Minuten zu irgendeinem Stadtpark braucht. Eine Stadt mit ganz kurzen Wegen, die wie gemacht ist für Radfahrer. Eine Stadt mit einer überaus herzlichen Kneipenszene. Mit Top-Kultur und mit subversiver Subkultur.

Ist Ihnen gerade Frankfurt am Main in den Sinn gekommen? Nein? Dann haben Sie dieses Buch noch nicht gelesen oder Sie haben noch nie wirkliche Qualitätszeit in Frankfurt verbracht. Das ist natürlich nicht Ihre Schuld. Frankfurt wird ja schließlich mit ganz vielen negativen Dingen in Verbindung gebracht. Kalte Bankentürme randvoll gefüllt mit Bankern, die für viele Krisen verantwortlich sind. Kriminalität. Rotlicht. Fluglärm.

Für mich ist es eine Herzensangelegenheit, das Frankfurt-Bild gerade zu rücken. Und zwar nicht im Sinne einer mehr oder weniger inhaltslosen Image-Kampagne zur Förderung von Tourismus oder Firmenansiedlung. Frankfurt soll einfach zu seinem Recht kommen.

Denn: Frankfurt ist schön. Aber wir Frankfurter sind auch längst daran gewöhnt, dass wir um Anerkennung kämpfen müssen. Immerhin wird man heute nicht mehr komplett für verrückt erklärt, wenn man einem Auswärtigen von Frankfurts außerordentlich hoher Lebensqualität vorschwärmt. Ich habe also in dieser Sache etliche erfolgreiche Vorkämpfer gehabt: So hat das *ZEIT-Magazin* eine ganze Sonderausgabe meiner Stadt gewidmet, Matthias Schweighöfer hat am Main als Regisseur und Produzent schon zwei Filme mit wunderschönen Frankfurt-Aufnahmen gedreht, und wer halbwegs regelmäßig die *Frankfurter Allgemeine Sonntagszeitung* liest, weiß, dass in Frankfurt eine ausgeprägte Debattenkultur gepflegt wird.

Für mich sind die Geschichten, die Fakten, die Argumente, die ich in diesem Buch niedergeschrieben habe, fast alle Selbstverständlichkeiten. Eben Teil meines Lebens in Frankfurt. Jahrelang war ich als DJ in der Underground-Partyszene unterwegs, heute bin ich Kolumnist für das Stadtmagazin *Journal Frankfurt* und Reporter für RTL im Studio Frankfurt. Als Journalist habe ich natürlich ständig die Möglichkeit, in ganz verschiedene Szenen einzutauchen, aber eigentlich hat jeder Frankfurter dieses Spektrum zur Verfügung. Frankfurt kennt wenig Grenzen für offene Menschen. Ich kann zum Beispiel einen Banker am Vormittag bei der Jahrespressekonferenz seines Instituts sehen und am Abend mit einer Flasche Bier in der Hand im Indie-Club »Rockmarket«.

An diesem Buch zu arbeiten hat viele positive Gedanken, die ich über Frankfurt habe, noch einmal geschärft und sie dadurch intensiviert. Ehrlich gesagt, liebe ich Frankfurt nach dem Schreiben sogar noch mehr als zuvor. Es würde mich freuen, wenn es Ihnen nach der Lektüre genauso geht.

Vielleicht finden Sie dann ja noch einen 112. Grund, Frankfurt zu lieben. Mir sind gerade schon wieder vier oder fünf eingefallen.

Jens Prewo

Wächst und gedeiht: Frankfurts Skyline

Kapitel 1

VIEL FEIND', VIEL EHR'

Allgemeines über Frankfurt und die Frankfurter

GRUND NR. 1

Weil Frankfurter mit dem schlechten Image der Stadt prima leben

Frankfurt hat ein Imageproblem. Let's face it: Die Stadt in der Mitte Deutschlands mit den vielen Bankentürmen wird nicht gemocht. »Frankfurt hat kein Herz«, »Frankfurt hat keine Sehenswürdigkeiten«, »Frankfurt hat keine Undergroundkultur«, »Frankfurt hat keine Promis«, »Frankfurt hat keine Lebensqualität« etc. Mir wird schon beim Schreiben langweilig, muss ich doch gähnen, wenn ich solche Phrasen auf einem Blatt Papier geschrieben sehe! So oft hört man diesen in den deutschen Mainstream übergegangenen Quatsch.

Natürlich steht man als Frankfurt-Verteidiger ganz schön doof da, wenn man auf alle diese Vorhaltungen immer mit »Doch, ich kenne in Frankfurt aber …« reagiert. Deshalb hat der Frankfurter es aufgegeben, in nationalen Medien das Image zu verteidigen. Wir machen das in Einzelgesprächen vor Ort.

Die Schwaben sagen, Frankfurt sei »zu dreckig«, die Berliner meinen, es sei »alles zu clean«. Wir Frankfurter hören das und fühlen uns wohl. Das ist nicht die Lust an der Mitte, sondern es ist ein herrliches Gefühl, das nur Insider haben. Denn *wir* wissen, wie es wirklich ist. Und es ist schön in Frankfurt.

Jeder meiner Freunde und auch ich, wir können jedem x-beliebigen Besucher eine Überraschung bereiten. Und das machen wir Frankfurter auch ganz individuell. Kommt zum Beispiel eine junge Hamburgerin nach Frankfurt, die uns sagt, sie glaube, es gibt bei uns nur Banker und Frauen in Rüschenblusen – schwupp, schlendern wir mit ihr einmal die Münchener Straße entlang. Okay, für den Club Michel im ersten Stock der Hausnummer 12 bräuchten wir eine Reservierung. Aber wer sich darum gekümmert hat, der genießt ein erstaunlich lockeres Donnererlebnis. Ein und dasselbe Menü für alle, serviert an langen Tischen. Hier kommt jeder mit jedem ins Gespräch, der Künstler mit dem Banker, der IT-Experte mit dem Studenten. Gut einen Block weiter, an der Ecke Elbestraße, ist die Bar Plank und noch etwas weiter das Walon & Rosetti. Nonchalante Bars mit einem Charme, dem förmlich »Szene« auf der Stirn geschrieben steht. Und das alles in Sichtweite der Bankentürme, die aber gar nicht stören. Im Gegenteil: Sie liefern eine tolle Kulisse, den perfekten Gegensatz zur Subkultur.

Eigentlich ist es ein dreifacher Gegensatz – wenn es von der Logik her so etwas geben könnte: Urbane Subkultur, Bankenwelt und das Rotlichtmilieu. Auf engstem Raum treffen die Parallelgesellschaften aufeinander und sie vertragen sich.

Oder es kommt ein Schwabe, der von der »Hauptstadt des Verbrechens« schwafelt und dem die Sehenswürdigkeiten fehlen. Kurzer Rundgang und die Frage: Ist die »Wiege der Demokratie« denn nichts? Hier ist die Paulskirche. Oder schon mal vom Deutschen Bund gehört? Genau, der tagte im 19. Jahrhundert im Palais Thurn und Taxis, gleich hinter dem Kaufhof. Wunderbar restauriert mittlerweile. Ach ja. Übrigens, der Begriff Taxi kommt natürlich von der zugehörigen Familie. Das Goethehaus, auch nicht schlecht. Gleich daneben einer der besten Plattenläden Deutschlands für Jazz. Da staunt jeder Schwabe.

Oder wir zitieren Besuchern, die Frankfurts Lebensqualität in Zweifel ziehen, die Statistik, dass das Frankfurter Nordend die höchste Geburtenrate von ganz Deutschland habe. Ob das wirklich stimmt, wissen wir gar nicht. Solche Statistiken, auf Stadtteile runtergebrochen, sind schwer zu erheben. Aber vor ein paar Jahren hat genau das mal ein Kommunalpolitiker behauptet. Und die gefühlte Geburtenrate im Nordend ist ja auch enorm: Im Oeder Weg reiht sich ein Geschäft mit Babymode an das nächste, sodass Berlin-Prenzlberg kaum mithalten kann. Würden Frankfurterinnen und Frankfurter tatsächlich Kinder in eine triste Stadt setzen wollen?

Also mögen wir unser schlechtes Image. Es ist einfach viel angenehmer, Besucher zu beeindrucken, als wenn sie enttäuscht würden. Und alle anderen, die gar nicht erst kommen, weil sie so stark abgeschreckt sind, sollen ruhig wegbleiben. Wer weniger Besuch hat, kann fleißiger arbeiten.

GRUND NR. 2

Weil Frankfurt sowieso Weltstadt ist

Frankfurt ist Weltstadt! Das muss einmal erwähnt werden. Für den Frankfurter zählt in dieser Frage keine andere Meinung. Als Spitzname lassen wir eigentlich nur »Mainhattan« gelten. Wir sagen ja auch immer, wir seien »die kleinste Metropole der Welt«, wobei wir dann auch noch stolz darauf sind, die »kleinste« zu sein. Nämlich deswegen, weil wir trotzdem alles haben, was eine Weltstadt braucht, und zusätzlich auch noch von fast überall in der Stadt für nur zwölf Euro mit dem Taxi nach Hause fahren können. Frankfurt ist so viel kleiner als Berlin, Hamburg, New York und hat trotzdem Weltgeltung.

In diesem Punkt werden wir Frankfurter natürlich auch immer bestärkt. Egal, wo in der Welt wir uns herumtreiben – wenn wir gefragt werden, aus welcher deutschen Stadt wir kommen, erhalten wir ein zustimmendes Nicken, wenn wir »Frankfurt« sagen. Buchstabieren müssen wir den Namen der Stadt nirgends.

Auch im Fußball wird das Ego der Frankfurter voll befriedigt. Selbst wenn Eintracht Frankfurt mal wieder in der 2. Liga spielt, ist der Traditionsverein unter Experten in der ganzen Welt eine Marke: unvergessen das Finale des Europapokals (Vorläufer der Champions League) im Jahre 1960. Eintracht stand gegen Real Madrid und verlor 7:3, aber gewann den Respekt der Fußballwelt. Als die britische Zeitung *Daily Telegraph* vor einigen Jahren die besten Fußballspiele aller Zeiten zusammenstellte, landete dieses Match auf Platz drei. Und so kann man mit Fußballfans in Barcelona, im ukrainischen

Dnipropetrowsk oder in Bukavu im Kongo (kein Witz, habe ich alles erlebt) immer kompetent über Eintracht Frankfurt sprechen.

Kehrseite der Medaille ist natürlich, dass der Frankfurter per se etwas verdorben ist, wenn es darum geht, seinen eigenen Stellenwert richtig einzuschätzen. Ausgangspunkt unseres Denkens ist immer, dass wir Weltklasse sind. Das musste ein Frankfurter Theaterintendant schmerzlich erfahren. Peter Eschberg erzählte die Anekdote erst zum Ende seiner Amtszeit am Schauspiel Frankfurt: Er wurde bitter enttäuscht, als er als Neu-Intendant einmal verkündete, er wolle versuchen, den Star-Regisseur Peter Zadek für eine Inszenierung zu gewinnen. Resonanz in der Stadt? Nicht sehr ausgeprägt. Die Frankfurter hörten das und dachten sich: »Okay, wenn der Zadek will, soll er kommen.« Andere meinten, dass Zadek, wenn er so ein großer Regisseur sei, doch bestimmt schon mal in Frankfurt gearbeitet haben müsste. Auf jeden Fall dachten die Frankfurter, ein Zadek-Gastspiel sei für den Meister eine größere Ehre als für die Stadt. Dabei hatten damals die Städtischen Bühnen Frankfurts überhaupt keinen tollen Ruf in der deutschen Theaterszene. Aber wir Frankfurter glaubten mal wieder, wir seien Weltklasse, und standen uns damals ein bisschen selbst im Weg. Eschberg beschloss für sich, Zadek nicht zu holen, weil er damit nur enorme Kosten hätte und keine wirkliche Chance, seine Reputation in der Stadt zu stärken.

Es ist schon ein Kreuz mit dem Weltruhm: Wir Frankfurter hassen es, immer wieder auf den tollen Flughafen, auf das Finanzzentrum, auf die Börse angesprochen zu werden, aber irgendwie genießen wir es auch.

GRUND NR. 3

Weil von Frankfurt immer behauptet wird, die Stadt sei die Hauptstadt des Verbrechens

Ach, diese Vorurteile! Frankfurt ist hässlich! Frankfurt ist zu glatt! Frankfurt ist zu clean! Die Häuser in Frankfurt sind zu hoch! Frankfurt ist Hauptstadt des Verbrechens! Die Frankfurterin und der Frankfurter hören ständig solche Vorurteile und freuen sich insgeheim darüber.

Wow, was leben wir gefährlich, denken wir uns, wenn wir uns mal wieder ohne unser Pfefferspray oder unsere Kalaschnikow aus dem Haus wagen. Ja, manchmal laufen wir sogar ohne Verteidigungs-Machete nach einer Vorstellung aus der Oper quer durchs Bahnhofsviertel zur S-Bahn. Und das sogar nachts und nicht nur nach der Elf-Uhr-Sonntags-Matinee!

Aber wir haben ja auch Verständnis für das große Verbrechens-Missverständnis, das bei vielen Deutschen vorherrscht. Es gibt nämlich kein anderes Vorurteil, das regelmäßig so stark mit angeblich korrektem statistischen Zahlenmaterial unterfüttert wird. »Frankfurt ist Deutschlands kriminellste Stadt« titelt *Die Welt* im Jahr 2009. Und die Zeitschrift *Focus* 2011: »Frankfurt ist die gefährlichste Metropole«. Das kann man fast jedes Jahr im Mai lesen, wenn die Verbrechensstatistik des Vorjahres veröffentlicht wird. Mittlerweile ist das so penetrant, dass die Stadt Frankfurt im Jahr 2010 sogar eine Handreichung an Journalisten veröffentlichte, die diese Zahlen einordnen sollte. Das Bürgeramt: »In den letzten 25 Jahren hat Frankfurt den Titel 22-mal erhalten. Ermittelt wird dieses Ergebnis, indem die Summe aller angezeigten Straftaten, vom Schwarzfahren bis zum schwersten Kapitalverbrechen, ins Verhältnis zur Wohnbevölkerung gesetzt wird.«

So weit, so logisch. In der Tat schlugen zum Beispiel im Jahr 2008 pro 100.000 Einwohner für Frankfurt 16.000 Straftaten zu Buche.

Das wäre in der Tat bundesweiter Rekord. Der offizielle Bericht, nachzulesen auf *frankfurt.de*, führt aber aus: »Werden die eindeutig nicht sicherheitsrelevanten Delikte ohne personifizierbare Opfer, wie z.B. Schwarzfahren und Straftaten nach dem Aufenthaltsgesetz, aus der Betrachtung herausgenommen, (...) rutscht Frankfurt von Platz 1 der Skala auf Platz 8.«

Aha! Wenn wir also davon ausgehen, dass in Frankfurt mehr Bahnen nach Schwarzfahrern kontrolliert werden als zum Beispiel in der armen, aber sexy Stadt Berlin, dann schnellt allein dadurch Frankfurt in der Statistik hoch. Und zu den »Aufenthalts-Straftaten« ist anzumerken, dass Frankfurt den wichtigsten internationalen Flughafen Deutschlands hat, ein riesiges Einfallstor. Und allein wenn jemand versucht, illegal einzureisen, ist das eine Straftat. Die Drogenschmuggler oder Touristen, die Krokodilköpfe oder antike Steine aus der Türkei mitbringen, auch nicht zu vergessen. Oder Leute wie Oliver Kahn, der zu viele teure Mitbringsel aus Arabien im Gepäck hatte, weil er dachte, man müsste so was nicht verzollen. Dieser zolltechnische Zwischenfall mit Oliver Kahn fand übrigens am Münchner Flughafen statt. Weil dieser Airport aber nicht auf dem Stadtgebiet der Landeshauptstadt steht, wandert dieser Vorfall auch nicht in die Münchner-Statistik und die Weste der Kommunalpolitik bleibt weiß. Wäre er am Frankfurter Flughafen des Schmuggels bezichtigt worden, hätte er der Stadt statistisch geschadet.

Aber auch Platz 8 ist nicht das korrekte Ergebnis für Frankfurt. Das Bürgeramt weiter: »Wird als Bezugsbasis nicht nur die Wohnbevölkerung, sondern zusätzlich auch die Zahl der sich täglich in den Städten aufhaltenden Berufspendler zugrunde gelegt, liegt Frankfurt auf Platz 21 der 38 deutschen Städte mit über 200.000 Einwohnern.«

Auf Platz 21, kurz hinter Duisburg, knapp vor Krefeld, ist also Frankfurts tatsächliche, statistisch korrekt berechnete Bedrohungslage anzusiedeln. Auf den vorderen Plätzen liegen dann übrigens Berlin, Bremen und Lübeck, alles auch keine sogenannten No-Go-

Areas, in denen verbrecherische Gangs regieren – was uns zeigt, dass Deutschland im Allgemeinen wohl recht sicher ist.

Aber so richtig dementieren die Frankfurter dieses viel zitierte Vorurteil ja gar nicht. Im Kultladen Fanhouse von Rainer Kaufmann in der Alten Gasse, einem Treffpunkt aller richtigen Fans von Eintracht Frankfurt, gibt es sogar ein T-Shirt zu kaufen mit dem trotzigen Spruch: »Frankfurt – Hauptstadt des Verbrechens«. Wer das trägt, zeigt nach Ansicht der Frankfurter nicht nur Humor, sondern auch Insiderwissen. Man fühlt Gemeinsamkeit, weil man die Vorurteile verspottet. Das klingt zweimal um die Ecke gedacht, aber Frankfurter mögen genau das. Außerdem finden wir es ganz gut, als besonders mutig zu gelten, und das nur, weil wir in unserer Lieblingsstadt wohnen.

GRUND NR. 4

Weil Frankfurt den »Fünfjährigen« gefällt

Das kennt jeder Frankfurter. Ein Nachbar, Arbeitskollege oder Freund, der vor ein paar Jahren zugezogen ist und jetzt beim Apfelwein einmal ehrlich »etwas gestehen« möchte: »Also, als ich vor fünf Jahren von meiner Bank nach Frankfurt versetzt wurde, dachte ich: Oh nein, wie schlimm.«

Er habe – so geht das Geständnis dann weiter – lange mit seiner Frau diskutieren müssen, und nur weil der Umzug in die unfreundliche Stadt unerlässlich für seine Karriere erschien, hat sie sich davon überzeugen lassen. Die Bank habe damals zwar ein Schnupper-Wochenende mit Wellness im Luxushotel und Einkaufsgutschein für die Goethestraße spendiert, aber Lust auf Frankfurt habe man dadurch trotzdem noch nicht gehabt. Im Gegenteil, innerlich hätte sich alles gesträubt, alle Freunde hätten damals abgeraten, und man sei nur widerwillig umgezogen.

Jetzt stehe eine weitere Versetzung an, und heute wolle die ganze Familie nicht mehr weg aus Frankfurt. Und das, »obwohl jetzt auch schon zwei Kinder da« seien. Früher hätte er sich absolut nicht vorstellen können, dass man in Frankfurt leben kann, schon gar nicht mit Familie. Heute habe man eine tolle Wohnung im Nordend, in zehn Minuten sei man zu Fuß auf der Zeil, und in der Weberstraße gebe es einen tollen Kindergarten, der zwar einmal von 68ern gegründet worden sei, aber »gar nicht so ideologisch ist«.

Tja, dazu können wir Alteingesessenen natürlich wenig sagen. Außer: »Da siehst du mal.« Wir ergänzen dann natürlich immer noch die anderen Vorzüge. Nämlich, dass Frankfurt im letzten Jahrzehnt seinen Fluss entdeckt und aus dem Mainufer ein Naherholungsziel mitten in der City gemacht hat. Dass es dort an manchen Stellen sehr kommerziell zugeht mit Nobel-Cafés, aber dass es ein paar Meter weiter auch alternative Bierstände gibt. Dass praktisch alles geht, was man sich so wünscht.

Wir führen auch immer unsere Museumslandschaft an: das Städel Museum mit seiner hervorragenden Sammlung, das erst kürzlich um einen Anbau zur Moderne erweitert wurde, und auch das Film- und das Architekturmuseum, das Museum für Kommunikation und das Weltkulturen Museum sind Perlen der Stadt. Die Oper wird immer mal wieder als »Opernhaus des Jahres« ausgezeichnet. Oliver Reese als Schauspiel-Intendant hat der Frankfurter Bühne europaweit einen Ruf verschafft. Und: Frankfurt gilt als eine der waldreichsten Städte Deutschlands. Wir sind also grüner als unser Ruf.

»Ja«, seufzt unser Banker-Freund, der jetzt Frankfurt verlassen muss, und wir versprechen, ihm regelmäßig Apfelwein zu schicken.

GRUND NR. 5

Weil Frankfurt so klar aufgeteilt ist

Frankfurt ist gar nicht kompliziert. Zumindest in puncto Orientierung hat man die Stadt recht schnell verstanden. Und auch im typischen Frankfurterisch wird das klar: Es gibt »Hibdebach« und »Dribdebach«.

Das hat jetzt nichts mit »hip«, also umgangssprachlich »cool« oder »nicht cool«, zu tun. Sofort klar wird auch dem nicht Frankfurterisch Sprechenden das »Bach« in diesen Bezeichnungen, damit meinen wir natürlich unseren Fluss: Der Main fließt mitten durch die Stadt, er teilt auch den Stadtplan in zwei Hälften. Aber der Fluss ist nicht so groß, dass er ein unüberwindliches Hindernis wäre. Überall wo man eine Brücke braucht, ist auch eine vorhanden, und man ist schnell auf der anderen Seite. Also ist der Main bestimmt nicht sauer, wenn wir ihn liebevoll »Bach« nennen, so glauben wir Frankfurter.

Der Rest der Bezeichnung ist reine Definitionssache. Hibdebach ist der Teil nördlich des Maines, wo auch heute noch die meisten Frankfurter wohnen, und Dribdebach ließe sich vielleicht mit »drüben, jenseits des Flusses« übersetzen. Diese klare Einteilung prägt die Frankfurter ganz besonders. So fehlt uns diese Übersichtlichkeit in vielen anderen Städten. Ich habe einige Freunde gefragt, und uns allen ergeht es so, dass wir Städte mit Fluss in der Mitte einfach auf Anhieb mögen. Paris ist so ein Beispiel. Die Seine teilt die Stadt in der Mitte – Rive Gauche und Rive Droite (quasi: »Hibde-Rive« und »Dribde-Rive«), da fühlt sich der Frankfurter wohl. Auch in Dresden oder in Florenz ist das ähnlich, da kommt in uns immer ein Zuhause-Gefühl auf. Hingegen Städte wie Rom oder Berlin, wo die Flüsse keine klare Einteilung vorgeben, bleiben uns suspekt.

Auch sonst ist Frankfurts Stadtplan, obwohl organisch gewachsen, sehr geordnet. Und diese Ordnung geht vom Fluss aus. So haben wir direkt am Main im Süden Sachsenhausen und im Norden die Innenstadt (auch »City« genannt – vielleicht vergleichen wir uns damit ja sogar mit London). Die City wird durch die Wallanlagen begrenzt. Das ist ein parkähnlicher Grüngürtel, der auf dem Gebiet der ehemaligen Stadtmauer verläuft. Die Mauer wurde Anfang des 19. Jahrhunderts nach Napoleons Eroberung geschleift. 1827 wurde dann durch die »Wallservitut« verfügt, dass hier nichts gebaut werden durfte. Diese Verfügung gilt noch heute, auch wenn immer mal wieder Ausnahmen erlaubt wurden (Schauspielhaus, Alte Oper, das alte EZB-Hochhaus, Stadtbad Mitte, das heute Luxushotel ist).

Außerhalb dieses Anlagenrings liegen die Viertel, die im Namen das »-end« haben: Westend, Nordend, Ostend – sie gelten heute als bevorzugte Wohngegenden. Danach kommt wieder ein Ring, nämlich der »Alleenring«, und jenseits davon sind die »-heims«: Bockenheim, Ginnheim, Eschersheim, Eckenheim, Preungesheim, Bornheim, Fechenheim. Wer sich das einmal auf der Karte angeschaut hat, bekommt ganz schnell ein Gefühl der Orientierung in der Stadt.

Die ganz traditionellen Frankfurter bezeichnen übrigens Dribdebach als das eigentliche Frankfurt und Hibdebach als die falsche Seite. Das wird aber heute nicht mehr so ideologisch gesehen. Und: Die höchste Dichte von guten Apfelwein-Wirtschaften gibt es in Sachsenhausen, also in Dribdebach.

GRUND NR. 6

Weil wir den Flughafen haben und irgendwie auch mögen

Frage ich in der Republik herum, ob jemand schon einmal in Frankfurt war, höre ich ganz oft zwei Antworten. Entweder mir wird gesagt: »Ja, klar war ich schon in Frankfurt, aber eigentlich nur am Flughafen.« Die andere häufige Antwort lautet: »Nein, in Frankfurt war ich noch nicht, höchstens mal am Flughafen.«

Wir Frankfurter hören beide Antworten nicht gern. Wir wollen ja nicht auf die vier Pisten, zwei Terminals und die Tausenden von überteuerten Shops im südlichen Stadtwald reduziert werden. Wir sind doch keine Umsteigestation, wir sind Frankfurt!

Aber bitte diese Haltung jetzt nicht verwechseln mit einer Distanzierung vom Flughafen. Frankfurter finden ihren Flughafen okay. Sie sind sogar ein bisschen stolz darauf. Schließlich gehört er uns Frankfurtern ja zu 20,12 Prozent, und auch am Rest halten wir gehörige Anteile. Das Land Hessen – zu dem der Frankfurter, wenn auch widerwillig, gehört – hält gut 30 Prozent. Und die Bundesrepublik – zu der der Frankfurter sehr gern gehört, schließlich wären wir beinahe Hauptstadt geworden – besitzt etwas mehr als 18 Prozent. So um die 70 Prozent der Fraport AG gehören also uns. Und Arbeitsplätze bietet die Stadt in der Stadt ja auch viele. 75.000 Beschäftigte machen den Flughafen Frankfurt zum größten Arbeitsplatz Deutschlands. Jeder kennt jemanden, der dort seine Brötchen verdient.

Beinahe hätte ich jetzt zur Charakterisierung des Verhältnisses des typischen Frankfurters zum Flughafen geschrieben: »Er stört nicht.« Das kann man seit der Eröffnung der Nordwest-Landebahn aber ganz und gar nicht mehr behaupten. Der Fluglärm in Sachsenhausen – aber nicht nur da, sondern auch im reichen Westend – hat schließlich dazu beigetragen, dass ein favorisierter CDU-Kandidat einem anfänglich blassen Sozi in der Oberbürgermeisterwahl unterlegen war.

Aber hier geht es nicht um Fluglärm, sondern um den Flughafen. Das klingt auch viel besser, und wir Frankfurter trennen das. Ein Hafen hat etwas Ruhiges, etwas Geschütztes. Von den Wellen und Wogen der Weltmeere geschützt, bietet der Hafen ein Tor zur Welt. Und genau so möchte der Frankfurter das sehen.

Okay, wir singen keine nostalgischen Lieder über unseren »Flug-Hafen«, wie das die Hamburger über ihr Tor zur Welt tun. Auch gehen wir nicht dorthin, um nach durchzechter Nacht Fischbrötchen zu essen. Wobei: Viele Frankfurter erinnern sich auch an verlockende Entertainment-Seiten des Terminal 1. Der am 31. Dezember 2000 geschlossene Club Dorian Gray war die Geburtsstätte des Techno. Star-DJs wie Sven Väth und Talla 2XLC haben hier aufgelegt, und auch die unglaubliche Musikkarriere des Michael Münzing, der SNAP! gründete und Welthits wie *The Power* und *Rhythm Is a Dancer* kreierte, fing am Frankfurter Flughafen an. Münzing war zunächst Flugzeugelektroniker und dann DJ im Dorian Gray. Und wenn wir am Samstagmorgen aus dem Techno Club im Dorian Gray rauswankten, dann kehrten wir im gefühlt 24 Stunden geöffneten McDonald's ein. Die US-Bulettenbraterei mit Ausblick auf die Start- und Landebahn war also so etwas wie unser Fischmarkt.

Aber auch eines der ersten Kinos mit original englischsprachigen Hollywood-Filmen befand sich im Untergrund des Terminal 1. Und die US-Airbase, die dort war, wo demnächst das dritte Terminal gebaut werden soll, war für mich als Teenager eine begehrte Exklave, in die ich mich häufiger reinschmuggelte, um im PX-Store US-Kekse und billige Bluejeans mit Dollars zu kaufen. Warum die eine oder andere meiner Mitschülerinnen dort noch häufiger rumhing, auch wenn sie keine Kekse oder Jeans brauchte, kapierte ich damals noch nicht …

Jeder Frankfurter hat so seine nostalgischen Geschichten zum Flughafen. Gerade deshalb wollen wir nicht, dass ihn Bürger anderer stolzer Städte einfach nur als Umsteigestation sehen. Wir respektieren natürlich, dass wir nur mit Hilfe fremder Menschen auf die uns stolz machende Zahl von 58 Millionen Passagieren pro Jahr kommen, und diese Leute sind uns auch wichtig. Aber, bitte schön nicht über die Wichtigkeit des Drehkreuzes die Vorzüge der Stadt vergessen.

GRUND NR. 7

Weil Offenbach einfach nicht zählt

Es geht nichts über eine gesunde Rivalität. So wie Köln und Düsseldorf einander spinnefeind sind, so wie Cambridge und Oxford sich gegenseitig sportlich bekämpfen, so wie Gelsenkirchen und Dortmund sich nicht mögen, so halten es auch die Frankfurter und die Offenbacher. Wobei ich hier eindeutig Flagge bekennen muss und sage, dass die Witze der Frankfurter über die Offenbacher einfach besser sind als die Retour-Variante (kein Wunder, dies ist ja auch ein Buch über Frankfurt).

So sagt der Frankfurter, das »OF« im Kfz-Kennzeichen des Offenbachers stehe für »Ohne Führerschein«. Der Offenbacher reagiert darauf mit: »Und das ›F‹ bei euch steht für ›Follidiot‹.« Das kolportieren zumindest die Frankfurter. So fies geht es zu am Main, dass man sich sogar mangelnde Rechtschreibkenntnisse nachsagt. Auch dass man »OF« einfach als »Ost-Frankfurt« interpretiert, ist eine übliche Verballhornung. Außerdem wird in Frankfurt gewitzelt, das Wetter sei schlecht, seit der Deutsche Wetterdienst von hier nach Offenbach umgezogen ist. Aber das ist alles Schnee von gestern.

Meine These heute: Es zählt einfach nicht mehr, ob man sich in Offenbach oder in Frankfurt befindet. Der einzige echte Beachclub Frankfurts ist nämlich ein Offenbacher. Auf der Hafenspitze residiert in der heißen Zeit der King Kamehameha Beach Club. Es wirkt zwar so, als würde der Club sehnsüchtig gen Frankfurt blicken, aber das ist wohl eher der Abendsonne geschuldet. Frankfurter, die in den Beachclub wollen, haben plötzlich keine Hemmungen mehr, die Grenze zu überwinden. Auch wer zu richtig hochwertiger House-Musik tanzen möchte, muss ostwärts ziehen. Der Club Robert Johnson – mehrmals von der britischen DJ-Presse zum besten Club der Welt gewählt (ist leider schon ein paar Jahre her) – residiert im Stadtteil Offenbach-Kaiserlei.

Eine letzte Bastion der Städtefeindschaft ist natürlich der Fußball: Offenbacher Kickers und Eintracht Frankfurt. Als die Eintracht zuletzt von der 2. in die 1. Liga aufstieg, feierte eine Frankfurter Apfelweinkelterei das mit einem Dosen-Äppler. »Uffstiegs-Schoppe« stand da drauf, und das Adler-Logo war auch zu sehen. Dass die Supermarktkette auch ihre Filialen in Offenbach-Stadt mit diesen »Feind-Dosen« bestückte, führte zu heftigen Diskussionen.

Na ja, letztlich war das Ganze nur ein Sturm im Apfelweinglas. Einige Querulanten durften in den Lokalzeitungen schimpfen, aber die zugehörige Facebook-Seite mit dem Titel »Nicht in unserer Stadt!« hatte lediglich circa 1.200 »Gefällt mir«-Klicks. Und wenn man mal genauer nachdenkt, wird einem klar, dass die Supermärkte dieses Produkt bestimmt nur führen, weil es sich verkauft. Würde heutzutage nicht auch in Offenbach ein Absatzmarkt für »Uffstiegs-Schoppe« oder »Adler-Schoppe« (so heißt er mittlerweile, weil die Eintracht-Fans längst vergessen haben, dass sie jemals in der 2. Liga spielten) bestehen, würden diese kommerziell ausgerichteten Unternehmen sie bestimmt nicht im Sortiment führen. Supermärkte sind schließlich keine Pädagogen-Vereine, die rivalisierende Stadtpopulationen einander näherbringen möchten.

Frankfurter und Offenbacher kommen heute einfach prima miteinander aus. Kein Wunder: Viele junge Menschen, die eine bezahlbare Wohnung suchen, ziehen ein kleines Stück nach Osten. Mit der S-Bahn kommt man aus Offenbach sogar schneller nach Frankfurt-City als von dem einen oder anderen Stadtteil der Metropole aus. Außerdem gibt es in Offenbach noch echt schöne Gründerzeitwohnhäuser, die Mieten unter zehn Euro pro Quadratmeter aufweisen. Und die Kreativszene ist hier sowieso zu Hause. Beim alten Schloss am Main residiert die Hochschule für Gestaltung. Sie ist die wichtigste Schmiede von Designern und Filmemachern im ganzen Bundesland. Besonders was Grafiker und Autodesigner betrifft, genießt der hiesige Studiengang Weltruhm.

Drum herum gibt es natürlich eine sehr gesunde Mischung aus Kneipen und Restaurants mit günstigem Preisniveau. Und in der ehemaligen Heyne Fabrik ist sogar ein echtes Modezentrum entstanden. Importeure, Modeagenten, kleine Modefirmen haben sich hier einquartiert. Zweimal im Jahr verkaufen sie ihre Musterkollektionen. Dann pilgern nicht nur die Frankfurter nach Offenbach, um ein originelles Schnäppchen zu machen. Und auch im Alten Schlachthof, der tatsächlich der ehemalige Schlachthof Offenbachs ist, wird heute Mode vercheckt.

Was bleibt, ist eine etwas seltsame Streckenführung der S-Bahn zwischen den traditionell rivalisierenden Städten. Hinter der Stadtgrenze Frankfurt fährt die S-Bahn aus ihrem Tunnel heraus nach oben – auf den Boden der Tatsachen quasi. Ein paar Minuten gleitet der Fahrgast durch die Landschaft, die hier recht grün ist. Gleich neben der Strecke liegen Sportplätze, aber auch die Gewächshäuser der berühmten Frankfurter Grünen Soße. Doch dann geht es – noch bevor man die nächste Station erreicht – wieder unter die Erde.

Die Bahn macht eine langgezogene Bewegung, die mich jedes Mal an die Schwimmfigur eines Wals auf hoher See erinnert. Ganz so, als würde man noch einmal Luft holen, bevor man wieder in die Tiefe taucht. In diesem Fall taucht man ins seltsame Offenbach. Oder ist es ein angedeuteter Luftsprung der Offenbacher, die wieder heimkommen? Verschwörungstheorien im Miniformat machen immer mal wieder die Runde: Wollten die Politiker damals verhindern, dass es eine echte Tunnelverbindung zwischen Offenbach und Frankfurt gibt? Vielleicht wollte der Architekt der Strecke aber auch nur den Fahrgästen die Grüne-Soße-Gewächshäuser zeigen.

Weil in Frankfurt das jüdische Leben so wichtig ist

Als besonderes Lob für Frankfurt wird immer wieder angeführt, dass es hier gelungen ist, jüdisches Leben nach dem Holocaust wieder anzusiedeln und zu etablieren. Es wird als Lob der jüdischen Bevölkerung an die Stadtgesellschaft gesehen. Es handelt sich aber auch wirklich um einen Glücksfall, denn der weltoffene Patriotismus, der aus der jüdischen Gemeinde in die Stadt abstrahlt, ist ein echter Gewinn.

Das ist nicht nur so, weil die Frankfurter ein schlechtes Gewissen beruhigen müssen. Gründe dafür würde die Geschichte nur allzu viele liefern. In Frankfurt gab es die diskriminierende Praxis der Judengasse, in der alle Juden nachts weggeschlossen wurden, länger als in anderen Städten (bis 1796). Zwar war die Frankfurter Regierung später dann auch recht schnell und führte 1864 als eine der ersten die vollständige Gleichberechtigung der jüdischen Bevölkerung ein.

Aber über die Jahrhunderte gab es vergleichsweise viele Pogrome gegen Juden in Frankfurt, und in der verbrecherischen Zeit des Nationalsozialismus wurden die vier Synagogen abgebrannt und 11.134 Frankfurter Juden ermordet.

Heute ist die jüdische Gemeinde glücklicherweise wieder auf über 7.000 Mitglieder angewachsen. Schon rasch nach dem Krieg bauten Juden wieder ihr Leben in Frankfurt auf. Der berühmte Oskar Schindler zog, als er mittellos war, nach Frankfurt, wohl weil ihn hier dankbare Gönner finanziell unterstützten. TV-Moderator Michel Friedman erwähnt häufig, dass auch seine Mutter auf der Schindler-Liste stand und deshalb gerettet wurde. Oskar Schindler wohnte im Frankfurter Bahnhofsviertel, und in den frühen Siebzigerjahren soll man ihn allabendlich in einer Kneipe in der Münchener Straße gesehen haben. Heute heißt das Lokal an der Ecke zur Elbestraße übrigens Bayram Kebap Haus – das nur am Rande für Touristen, Hobby-Historiker oder Filmfans, die mal vorbeischauen möchten.

Als Mit-Sprecher und Ideengeber der Stadt haben Juden aber einen viel größeren Einfluss, als ihre Zahl ausdrücken könnte. Besonders beeindruckend finde ich, dass Frankfurt heute mit Peter Feldmann einen jüdischen Oberbürgermeister hat und dass diese Tatsache im Wahlkampf nicht mit einer einzigen Silbe angesprochen wurde. Gut, Feldmann ist in der jüdischen Gemeinde überhaupt nicht aktiv und seltsamerweise bei den Vorsitzenden nicht besonders angesehen, er genießt also keine institutionelle Unterstützung von dort. Aber dass niemand auf die gefährliche Idee kam, im Wahlkampf dumpfe Vorurteile zu schüren, ist positiv und wäre anderswo vermutlich anders gelaufen.

Frankfurt und jüdisches Leben, das passt richtig gut zusammen, weil eine gewisse Normalität besteht und weil natürlich die jüdische Gemeinde zum größten Teil aus absolut leidenschaftlichen Frankfurtern besteht. Klar, für ihre Familien war es ja auch ein bewusster Schritt, sich wieder hier anzusiedeln. Bei der alljährlichen WIZO Gala im Hilton Hotel erleben wir eine Form des Lokalpatriotismus: Da geht es darum, Patenschaften für das israelische Kindergartensystem zu ersteigern, und es wird immer ein regelrechter Wettbewerb angefacht. »Mehr als Düsseldorf, wir schaffen das!«, ist das ausgesprochene Ziel. Und bislang erreichten die Frankfurter WIZO-Teilnehmer das auch.

Als während des zweiten Golfkriegs der damalige Vorsitzende des Zentralrats der Juden Ignatz Bubis mit einer ungeheuerlich gedankenlosen Bemerkung der damaligen Oberbürgermeisterin Petra Roth konfrontiert wurde, reagierte er spontan lokalpatriotisch. Frau Roth hatte vom Rednerpult aus Bubis angesprochen und angesichts der Bedrohung durch irakische Raketen – damals wurde von Saddam Hussein gen Israel geschossen – gesagt: »Wir wünschen, dass auch in Ihrer Heimat bald wieder Frieden herrscht.« Der direkt angesprochene Ignatz Bubis entgegnete: »Wie? Ich wusste gar nicht, dass hier mitten in Hessen Krieg herrscht!« Spontane Reaktionen zeigen wirkliche Einstellungen, und Bubis, der als Häuserspekulant zeitweise auch stark angefeindet wurde, war sicher einer der glühendsten Frankfurt-Verehrer. Gut, dass nach seinem Tod eine große Brücke nach ihm benannt wurde.

GRUND NR. 9

Weil in Frankfurt U-Bahn Kontrollöre Stars sind

Der Begriff Kultband wird ja ziemlich inflationär gebraucht. Aber auf diese Band trifft der Titel eindeutig zu: die »U-Bahn Kontrollöre in tiefgefrorenen Frauenkleidern«. Doch warum sollte man diese fünf Musiker Kultband nennen? Sie sind seit 1991 eine Gruppe, sind fast nur im Frankfurter Raum bekannt, überall, wo sie auftreten, ist der Saal sofort restlos ausverkauft und – um auch mal über das Künstlerische zu sprechen – sie haben eine ganz eigene Musikrichtung etabliert.

»Hardcore a cappella« nennen sie ihre Kunst. Ohne Instrumente, nur mit Stimme machen sie ihre Musik. Angefangen haben sie damit allerdings, bevor es dieses Comeback der Comedian Harmonists gab und auch lange bevor Max Raabe deutschlandweit zum Star wurde. In der Zeit der Neuen Deutschen Welle wurden die Bandmitglieder sozialisiert und daran wollten sie zehn Jahre später anknüpfen. Weil in der NDW ziemlich dämliche Bandnamen Usus waren, wie zum Beispiel »Die Tödliche Doris«, »Deutsch Amerikanische Freundschaft« oder »Die Toten Hosen«, wählten die Frankfurter mit den goldenen Stimmen einen noch seltsameren Bandnamen.

Immer wieder tun Harald Bannoehr, Matthias Keller, Sebastian Rajkovic, Filippo Tiberia und Oliver Hartstack auf der Bühne so, als seien sie eine Boyband. Ihre Tanz-Moves sehen dann auch gar nicht so schlecht aus, die Ironie kommt aber jedes Mal zum Ausdruck. Allein, weil ihr A-cappella-Gesang so pointiert rüberkommt.

Apropos Stimmen. Die sind echt gut, anders als Mitglieder so mancher komischen Punkband können die U-Bahn Kontrollöre (wie die Frankfurter den Bandnamen zärtlich abkürzten) wirklich singen. Zum feinen Gesang kommt aber immer ein ziemlich deftiger Text. Auch vor derben Zoten schrecken sie nicht zurück, ja sie zelebrieren das Schlüpfrige regelrecht. Zum Beispiel heißt es im Song *In der Pubertät*: »In der Pubertät bist du gern für dich allein / Darum schließt du dich auch im Badezimmer ein / Deine Mutter freut sich, denn ihr kleiner Junge wird endlich zum Mann / Und wenn sie mal nicht da ist, dann ziehst du ihre Unterwäsche an.«

Dazu eine Performance voller Energie, immer mit aktuellen Anspielungen, damit haben sie so ziemlich jeden Saal im Griff, egal ob im Stalburg Theater, in einer Stadthalle oder auf dem Grüne Soße Festival.

Echt interessant ist der Werdegang der Band aber seit dem Jahr 2009. Damals haben sie sich nämlich offiziell getrennt. Das haben sie natürlich auch so richtig zelebriert – mit endloser Abschiedstournee und allem Drum und Dran. Und so wie es ihre großen Vorbilder wie die Rolling Stones oder andere internationale Stars machen, feiern sie ständig neue Wiedervereinigungen. Jetzt sind sie wirklich wie die Kontrolleure in U-Bahnen, sie kommen immer dann, wenn man sie am wenigsten erwartet. Dann aber kommen sie gewaltig. Und wer mal ein Ticket ergattern kann, sollte sofort zuschlagen.

GRUND NR. 10

Weil die Eintracht eine Diva ist

Sich mit Frankfurtern über Fußball zu unterhalten, das lohnt sich. Eintracht Frankfurt ist einer der ganz alten Traditionsvereine des deutschen Fußballs. Dass die Mannschaft ab Mitte der Neunzigerjahre ein paar Mal in die 2. Liga abstieg, kratzte zwar etwas am Lack, macht aber echten Fans nichts aus. Und international hat die Frankfurter Fußballtradition sowieso einen unverwüstlich guten Ruf.

Wer mit englischen, spanischen oder – sagen wir mal – ukrainischen Fußballfans über die Eintracht spricht, wird in wissende Augen blicken. Bewunderung für das Endspiel des Europapokals im Jahr 1960 ist sicher. Das Match verlor die Eintracht wie bereits gesagt zwar gegen Real Madrid mit 7:3, es gilt aber immer noch als eines der besten jemals ausgetragenen Spiele der internationalen Fußballgeschichte.

Das sollte man also wissen, wenn man mit einem Frankfurter Fan spricht. Genau wie diese beiden Begriffe: SGE – das ist einfach die Abkürzung des traditionellen Vereinsnamens »Sportgemeinde Eintracht« – und Schlappekicker. Dieser frankfurterische Begriff kommt aus den Zwanzigerjahren des vorigen Jahrhunderts, ist aber heute noch absolut geläufig. Man könnte nun schlau anmerken, dass »Schlappe« ja einfach für »Schuhe« steht und dass es nur logisch ist, Fußballer mit ihrem Gerät zu verbinden.

Aber halt. So einfach ist das in Frankfurt auch nicht. Mit »Schlappe« meint der Frankfurter nämlich in erster Linie keine Fußballschuhe, sondern Hausschuhe. Und der Schuhhersteller J. & C.A. Schneider war seit den Zwanzigerjahren hauptsächlich für seine Schlappe bekannt. Heute würde man die Firma Schneider wohl »Hauptsponsor« nennen, was es damals noch nicht gab. Aber die besten Spieler bekamen eine Anstellung bei der Firma, waren also offiziell Arbeiter in einer Hausschuh-Fabrikation. Der anfangs verunglimpfend gemeinte Ausdruck Schlappekicker wurde recht schnell wie eine Ehrenbezeugung getragen und gilt bis heute.

Wer also SGE und Schlappekicker kennt, kann schon mal mitreden. Dann sollte man aber noch die drei wichtigsten Jahreszahlen für Eintrachtler kennen: 1959, 1980 und 1992. Besonders wer an einem Samstagabend im Kneipenviertel von Sachsenhausen unterwegs ist und sich mit gut gelaunten Jungs, die einen Schal oder sonst etwas mit Adler und den Farben Schwarz und Rot tragen, anfreunden möchte, sollte diese drei Jahreszahlen mit den Erfolgen der Eintracht verbinden können.

1959 wurde Eintracht Frankfurt Deutscher Meister. Das war leider vor dem Beginn der Bundesliga, aber in den DFB-Annalen macht das natürlich keinen Unterschied. Im Endspiel in Berlin besiegte die Frankfurter Elf ausgerechnet den großen Rivalen Offenbacher Kickers mit 5:3 nach Verlängerung. Im Jahr darauf brillierte die Eintracht dann, wie bereits erwähnt, in der damaligen Version der Champions League. Ein wahrer Meilenstein.

1980 war eher ein seltsamer Erfolg. Damals gewann die Eintracht den UEFA-Cup. Es war allerdings eine Saison mit ganz viel Zank im Verein, Chefcoach Friedel Rausch war auch schon vor dem Finale unter heftigem Beschuss seitens des Vereins gewesen und hatte gekündigt, und das Finale fand gegen den Bundesliga-Rivalen Borussia Mönchengladbach statt. Irgendwie bezeichnend, dass der größte internationale Titel, den die Eintracht erringen konnte, damals gar nicht so happy gemacht hat. Immerhin wurde der junge Lothar Matthäus besiegt. Der kickte damals als 19-Jähriger (mit Goldkettchen) noch bei den Gladbachern.

1992 war aber die Saison, die am meisten Spaß gemacht hat. Der Spaß-Trainer Dragoslav Stepanović hatte ein Regiment eingeführt, das einfach lautete »Spaß haben«. Die Abwehr wurde vom Nationallibero Manfred Binz gesichert, und nach vorn durfte jeder spielen, wie er wollte. Die Weltmeister Andreas Möller und Uwe Bein zauberten, was das Zeug hielt.

Leider wurde die Eintracht von den Schiedsrichtern während der gesamten Saison benachteiligt (so sollten Sie das im Gespräch mit einem Eintracht-Fan darstellen, wenn Sie freundlich sein wollen). Und im letzten Spiel verlor man – zugegeben etwas zu zaghaft spielend – durch Fehlentscheidungen bei Absteiger Hansa Rostock. Legendär, wie Ralf Weber nach dem Spiel eine TV-Kamera, die ihm zu nahe kam, zertrümmerte (er bezahlte die Kamera einige Tage später).

Eine ganz bittere Zäsur war das. Aber für Eintracht-Fans ist die Erinnerung an die Saison eine positive. »Wir hatten mehr Spaß als die Stuttgarter«, sagte mir am Abend der Niederlage ein Freund. Und in der Tat: VfB Stuttgart mit Motivationscoach Christoph Daum war so überraschend Meister geworden, dass denen wohl einfach die wichtige Vorfreude fehlte.

Natürlich hat die Eintracht auch echt schlechte Zeiten erlebt, ja, der Verein war zeitweise DAS Gespött des deutschen Fußballs. 1988 wurde auf der Mitgliederversammlung ein Redner mit einem Faustschlag gegen einen Ordner bekannt. Das wird noch heute im deutschen Fernsehen immer wieder gezeigt. Mal als Beispiel, wie schlimm der Verein schon immer war, mal als Beispiel dafür, wie solide die heutige Vereinsführung doch ist.

Solche Begebenheiten haben der Eintracht den Spitznamen »Diva vom Main« eingebracht. Und die vier Abstiege aus der Bundesliga gehören auch dazu: 1996, 2001, 2004 und 2011 musste die SGE in die Verbannung. Zwischenzeitlich konnte im Jahre 1999 ein Abstieg durch ein legendäres 5:1 abgewendet werden.

Wenn Sie das auch noch wissen und womöglich sogar den Schützen des Siegtores – Jan Åge Fjørtoft mit Übersteiger – benennen können, dann werden Sie jeden Eintracht-Fan beeindrucken und ganz schnell dazugehören.

Der Römer: Nicht nur der Balkon ist in die Deutsche Geschichte eingegangen

Kapitel 2

WAS DIESE STADT SO EINZIGARTIG MACHT

Geheimnisse der Stadt

Weil Goethe zwei linke Füße hat

Es ist so etwas wie das Erkennungs-Gemälde Frankfurts: *Goethe in der Campagna*. Und schon allein das ist ja eher seltsam. Ein Gemälde, das nicht Frankfurt zeigt, lässt jedem Frankfurter das Herz aufgehen. Wir sehen zwar einen Frankfurter, der sitzt etwas entrückt – aber immer Herr seiner Lage – in einer Landschaft, die mit antiken Ruinen gespickt ist. Das Bildungsbürgerliche ist es letztendlich, was uns an diesem Werk so gefällt.

Im Frankfurter Städel Museum hat das Gemälde einen Ehrenplatz, seit die Familie Rothschild es 1887 im Rahmen einer Schenkung dem Institut vermachte. So richtig cool wurde das Werk 1981, als der Pop-Art-Guru Andy Warhol das Motiv für eines seiner farbenfrohen Siebdruck-Werke nutzte.

Entstanden ist das Werk *Goethe in der Campagna* im 18. Jahrhundert in Rom. Dort hat der Maler Johann Heinrich Wilhelm Tischbein mit Johann Wolfgang Goethe von 1786 bis 1788 eine Wohnung geteilt. Die Künstler-WG führte später zwar zur Entfremdung der beiden, sie mochten sich dann nicht mehr so richtig. Und damit können sie vielleicht sogar als Vorreiter vieler Wohngemeinschaften der Moderne gelten. Wer weiß, vielleicht wollte einer von beiden nicht den Müll runter an den Tiber bringen, oder vielleicht gab es zu viele Damenbesuche …

Dabei hatte alles recht harmonisch angefangen: Goethe soll dem jungen Maler aus einer Künstlerfamilie ein Rom-Stipendium verschafft haben, und dieser hat sich dann wohl mit der Anfertigung des Bildes bedankt.

Dem Dichterfürsten soll das Werk auch gar nicht gefallen haben. So mokierte er sich über die Dimension der Leinwandkunst: Es sei »zu groß für unsere nordischen Wohnungen«, soll er schon während der Entstehung gesagt haben. Interessant ist hierbei, dass er nicht davon spricht, das Bild sei zu groß im Vergleich zur Realität, also zu seiner tatsächlichen physischen Präsenz. Nein, er findet, dass die »nordischen Wohnungen« zu beengt seien. Man könnte weiter interpretieren, dass Goethe sich selbst vielleicht auch als zu groß für den einen oder anderen Ort in seiner Heimat sah.

Egal. Goethe mokierte sich laut historischer Quellen wohl über so ziemlich jede Darstellung seiner Person. Ob Gemälde, Marmorbüste oder Kupferstich. Würde er heute leben, würde er wahrscheinlich jedes Handy-Foto von sich sofort wieder löschen, weil es ihm nicht gefällt. »Hinweg mit jenem schalen Abbild, welches einem Genie nicht gerecht wird«, höre ich ihn schon in meiner Fantasie rufen, während er ins iPhone (Edition: Dichterfürst) reinschreit.

Also haben wir echt Glück, dass es damals noch keine Smartphones gab, sondern einen Maler wie Tischbein. Dass der nicht so ganz ein Genie der Proportionen war, fällt auch dem flüchtigen Betrachter des berühmten Gemäldes auf. Und ein Blick auf die Beine verwirrt noch mehr: Goethe hat ganz offensichtlich zwei linke Beine mitsamt zwei linken Füßen.

Ein versteckter Code auf den Rumpel-Fußball, den Eintracht Frankfurt in einigen Jahrzehnten geboten hat? Eigentlich nicht, sagen Kunsthistoriker. In gewissen Epochen und Kreisen sei die Naturtreue der Darstellung ganz und gar unwichtig gewesen. Die inneren Werte zählen also auch bei Goethe.

Und die Frankfurter sind sehr stolz, dass das Gemälde auch international gewürdigt wird. In der ersten Jahreshälfte 2013 war das Werk sogar an den Louvre ausgeliehen. Der Tischbein geht also auf Reisen in eine wichtige Stadt und kommt wieder zurück. Damit ist der letzte Zweifel ausgeräumt, dass es sich hier um einen echten Frankfurter handelt.

GRUND NR. 12

Weil Mickey Rourke eine Frankfurterin liebt

Es klingt wie ein Märchen, und wenn wir uns das ganz genau überlegen, so ist es auch ein Märchen. Mädchen trifft Star. Es funkt, und sie leben fortan zusammen und glücklich.

Aber der Reihe nach. Mickey Rourke ist einer der Stars, die auf der gesamten Welt erkannt werden. Wenn sein Name fällt, horcht man auf, wenn sein Gesicht zu sehen ist, hat jeder etwas dazu zu sagen.

Filmfans erinnern sich natürlich an seinen ersten Erfolg, *9 1/2 Wochen* war einer der ersten supererfolgreichen Erotik-Thriller. Menschen, die das damals schon mitbekommen haben, wie Mickey seiner Geliebten Kim Basinger aufreizend Honig an delikate Stellen schmierte, haben das nie vergessen. Jahrelang haben wir dann dem Abstieg des Megastars zuschauen müssen. Der Mann sah fertig aus. Alkohol, wahrscheinlich noch schlimmere Substanzen. Eine Schönheitsoperation (eigentlich schwierig, in diesem Zusammenhang von »Schönheit« zu sprechen!) nach der anderen verunstalteten den Film-Macho nur noch mehr.

Dann ein unglaubliches Comeback: 2009 wird er als bester Schauspieler in *The Wrestler* für den Oscar nominiert. Das Tolle ist, dass es in der Story auch um das Comeback eines Ex-Stars geht. Also quasi die Lebensgeschichte von Rourke mit verfilmt wurde. Der Streifen räumt zwar den Oscar als bester Film des Jahres ab, Mickey Rourke muss sich aber mit der Nominierung zufriedengeben.

Gewonnen hat Mickey auf jeden Fall. Zum einen, weil Movie-Insider die Nominierung als den eigentlichen, wichtigen Preis betrachten. Dabei stimmen nämlich nur die Fachabteilungen der Academy of Motion Pictures ab. Bei Schauspielern also nur die Schauspieler. Bei der Abstimmung, welcher Nominierte den Oscar dann tatsächlich erhält, dürfen alle Fachrichtungen ihre Stimme abgeben. Ehre wurde ihm also zuteil. Außerdem hat sich Rourke mit der Rolle des Wrestlers Randy Robinson vom Frauenschwarm eindeutig ins Charakterfach umgebettet.

Also, Mickey Rourke ist einer der Weltstars, mit denen wir gern mitfiebern. Und plötzlich taucht der Mann in Wiesbaden auf. In der Sonnenberger Straße führt er seine Hunde aus. Der Weltstar geht zum Brötchenholen und kauft nebenan einen Blumenstrauß. Wow! Fata Morgana? Oder versteckte Kamera? Nein. Mickey Rourke wohnt tatsächlich im Rhein-Main-Gebiet. Er hat nämlich mit einem Model aus Frankfurt angebandelt, und als es ans Zusammenziehen ging, hat das Paar Wiesbaden als Wohnort ausgewählt.

Anastassija Makarenko, eine Deutsch-Russin, ist schon lange Jahre in der Modelszene unterwegs. Bei der Frankfurter Agentur eastwestmodels, einer der ersten Adressen im deutschen Beauty-Geschäft, ist sie unter Vertrag, und das Mädel fehlt eigentlich auf keiner Party. Anastassijas Glück ist eine Buchungsanfrage, die vom Männermagazin *GQ* gestellt wird. Fotoshooting in London mit Mickey Rourke. Der Star soll mit zwei schönen Frauen posieren.

Dann setzt tatsächlich das Märchen ein. Anastassija jettet von Frankfurt an die Themse, beim Shooting funkt es, Telefonnummern werden ausgetauscht, so schnell geht das. Und in der Wiesbadener Sonnenberger Straße kauft fortan Mickey Rourke nicht nur einmal einen Blumenstrauß. Nein, der kauft seiner Liebsten tatsächlich an jedem Tag ein Gebinde. Das ist ein Märchenprinz!

Leider ziehen die beiden nach gut einem Jahr nach Los Angeles. Das Märchen hat also offenbar für die beiden ein Happy End, für Frankfurt und Wiesbaden leider nicht so sehr. »Wir wollen gemeinsam in L.A. ein Fitnessstudio eröffnen«, erzählt das Model mir bei einem ihrer Abstecher in die alte Heimat. Anastassijas Eltern wohnen mittlerweile in Worms, und sie ist offiziell immer noch bei easwestmodel unter Vertrag. Natürlich muss sie heute nicht mehr jeden Job annehmen (und auch nicht mehr auf jeder Party ihre Nase zeigen). Aber einmal im Jahr kommt sie auf jeden Fall geschäftlich zurück, um ihrem alten Gönner, dem Modedesigner Albrecht Ollendiek, als Model und Muse für seine wichtigste Kollektion auf dem Laufsteg zur Verfügung zu stehen.

Da wir alle ja an Märchen glauben und an Happy Ends à la Hollywood sowieso, machen wir einfach mal einen Haken dran. Die Frankfurterin und der Rüpel-Star haben sich gefunden und werden nie wieder auseinandergehen.

GRUND NR. 13

Weil Frankfurt Zeitungsstadt ist und hoffentlich auch bleibt

Wer informiert sein wollte, hatte in ganz Deutschland etwas aus Frankfurt in der Hand. Das war noch vor 15 Jahren so gut wie die Regel. Je nach politischer Ausrichtung gab es eine Tageszeitung zur Auswahl. Wer eher linksliberal eingestellt war oder einer Gewerkschaft nahestand, der war Abonnent der *Frankfurter Rundschau*. Die Zeitung mit dem grünen Balken auf der Titelseite konnte man sogar in der Berliner U-Bahn sehen. Wer als links und fortschrittlich gelten wollte, wer im Feuilleton auch das Abseitige lesen wollte – natürlich neben den etwas arrogant wirkenden, aufs Etablierte schielenden Theaterkritiken des Peter Iden –, der las die *FR*.

FAZ las man, wenn man sich zur konservativen Elite zählte. Das Blatt hatte Gewicht, und seine Leitartikel und Kommentare waren unter einer Headline in Frakturschrift gesetzt. Und im selben Hause, wenn auch komplett getrennt, erschien eine dritte Zeitung.

Boulevard-Zeitungen gibt es in Frankfurt natürlich auch, aber sie bestimmen den öffentlichen Diskurs weniger als in anderen Städten. Das sieht man daran, dass es quasi immer nur eine einzige Boulevard-Zeitung gab (in Hamburg, München, Köln und Berlin gibt es überall mindestens zwei Massenblätter). Die einzige in Frankfurt war jahrzehntelang die *Abendpost/Nachtausgabe*, wo sogar der Sex-Autor Oswalt Kolle einst seine publizistische Karriere begann. Als die große *Bild* dann eine Lokalredaktion für Frankfurt gründete, ging es recht schnell bergab mit der *Abendpost* und sie wurde eingestellt. Die großen seriösen Zeitungen lassen also kaum Platz für das Boulevard, auch das ein interessanter Aspekt der Publizistik in Frankfurt.

Beide großen Zeitungen lagen mit vollem Gewicht ihrer Geschichte in den Zeitungskästen ihrer Leserschaft. Die *FAZ* als Quasi-Nachfolgerin der legendären *Frankfurter Zeitung*, die auch schon in der Weimarer Republik die Berliner Diskussionen beeinflusst hatte. Auch große Intellektuelle wie Siegfried Krakauer schrieben für die *Frankfurter Zeitung*. Streng genommen hat sich die *FAZ* immer von ihr abgegrenzt. Einige maßgebliche *FAZ*-Gründer hatten zwar für sie geschrieben, aber eigentlich war die *Mainzer Allgemeine Zeitung* der Rechtsvorgänger der *FAZ*.

Doch allein die Tatsache, dass die Redaktion sich bemüßigt sah, in ihrer ersten Ausgabe vom 1. November 1949 zu dementieren, dass man an die Tradition der *Frankfurter Zeitung* anknüpfe, zeigt die geistige Verwandtschaft. »Das habe ich in der *Frankfurter* gelesen«, bezieht sich eigentlich immer auf die *FAZ*.

Offiziell ist die *Frankfurter Rundschau* also sogar das traditionsreichere Blatt. Am 1. August 1945 war die erste Ausgabe erhältlich. Mit einer Lizenz der US-Besatzungsmacht ging man an den Start. Am Anfang übrigens in den Räumen der ehemaligen *Frankfurter Zeitung*, das soll uns jetzt aber nicht weiter verwirren.

Die *FR*, in Frankfurt sagt man »Eff-Er«, gehört also zu den Pressehäusern – wie zum Beispiel auch *Der Spiegel* –, die noch vor unserem Staat, der Bundesrepublik Deutschland, gegründet wurden. Das brachte der Zeitung immer viel Selbstbewusstsein gegenüber der Politik. Man war eine Institution.

Und auch das *Rundschau*-Haus in Frankfurt war eine feste Größe. Direkt am Eschenheimer Tor – dem letzten noch existenten Stadttor des mittelalterlichen Frankfurts – war der Nachkriegsbau eine Institution. Der Frankfurter kannte das Gebäude mit der »runden Ecke aus Glas«. Während des wirtschaftlichen Niedergangs wurde aber leider dieses Wahrzeichen abgerissen. Heute liegt daneben der Eingang zu einem Einkaufszentrum.

Wahrscheinlich war es die Arroganz den neuen Medien gegenüber und vielleicht ganz allgemein die Arroganz der *FR*, die den Abstieg einläutete. Heute liegt ein Insolvenzverfahren hinter der Zeitung, und sie gehört zum Verlag der *FAZ*. Ihre Eigenständigkeit ist zwar festgeschrieben, aber man muss abwarten, wie sich das entwickelt.

Wichtig für Frankfurt wäre in der Tat eine starke, seriöse Presse. Denn Frankfurt ist wie keine zweite Stadt in Deutschland eine Zeitungsstadt und sollte es bleiben. Der Frankfurter ist wahnsinnig stolz, wenn er in einer fremden Stadt eine »Frankfurter« sieht – selbst dann, wenn es ausgerechnet die Zeitung ist, die nicht aus seiner eigenen politischen Ecke kommt.

GRUND NR. 14

Weil Frankfurt mal Rap-Hauptstadt war, das aber kümmerlich endete

»Rödelheim, Rödelheim!« Die Kids grölen den Namen eines Frankfurter Stadtteils im weiten Rund einer Konzerthalle, irgendwo in Deutschland. Es klingt wie ein ganz böses Wort. Wie einer dieser Begriffe, mit denen man als Teenager seine Eltern so richtig schockieren kann. Und bei diesen Eltern muss dann ein schauerlicher Film vor dem inneren Auge ablaufen: brennende Mülltonnen, streunende Hunde, Crack-Pfeifen, an jeder Ecke zum Kauf feilgeboten.

Und King vom Revier ist Rapper Moses Pelham mit seinem Kumpel Thomas Hofmann, genannt das Rödelheim Hartreim Projekt.

Und ihre Schwester beschützen die beiden natürlich: Sabrina Setlur, anfangs nur Schwester S. genannt. Entdeckt wurde sie laut offizieller Pressemitteilung der Plattenfirma 3P (steht für PPP – »Pelham Power Production«) im Auto von Thomas Hofmann. Der holt sie irgendwo ab, und Sabrina rappt einfach nur aus Spaß zu einem Song von US-Rapper Snoop Doggy Dog, der aus den Lautsprechern tönt. Thomas findet es geil, und alle drei gehen ins Studio. Sie wird innerhalb einer Saison zum größten Rap-Star Deutschlands. Sie ist die Göre, die es allen zeigt. Die ganz gerade ihren Weg geht, dabei aber immer noch sexy und begehrt ist. Und das alles, obwohl sie und ihre Gang alle aus der Gosse kommen.

Halt. Genau hier stimmt die Geschichte nicht ganz. Eigentlich müssen wir sagen, sie stimmt von vorn bis hinten nicht. Alle drei Rödelheimer Hip-Hopper stammen aus ganz ordentlichen Verhältnissen. Moses Pelham ist gut behütet unter Zeugen Jehovas aufgewachsen, Thomas Hofmann ist Sohn eines Professors, und die Eltern von Sabrina Setlur bilden eine gut situierte Banker-Familie und wohnen in einem Vorort im Frankfurter Speckgürtel. In Rödelheim haben Moses und Thomas früher Basketball gespielt.

Überhaupt: Rödelheim ist in Wirklichkeit gar kein Getto. Eher ein beschaulicher Rentner-Stadtteil mit funktionierendem dörflichen Kern. Alles Propaganda, um dem Rödelheim Hartreim Projekt die sogenannte Street-Credibility, also die Glaubwürdigkeit der Straße, zu verleihen. Die Frankfurter reiben sich Augen und Ohren, als sie die Stilisierung Rödelheims zur zweiten Bronx miterleben.

Aber die Masche funktioniert. So gut, dass, als Sabrina sich eine Glatze rasierte und dennoch von der *Bild* zur schönsten Frau Deutschlands gekürt wurde, in der Redaktion, in der ich damals arbeitete, sofort zwei Praktikantinnen auch keine Haare mehr auf dem Kopf hatten. Das Image der Rödelheimer war also aufgeblasen und für Frankfurter etwas verwunderlich.

Die Qualität der Musik war allerdings echt erstaunlich. Noch nie zuvor gab es so guten Hip-Hop aus Deutschland. Sehr gute Beats auf

Weltniveau und deutsche Rap-Texte – meist geschrieben von Moses Pelham –, die tausendmal besser sind als das, was in Deutschland davor und danach kam. Alles, ohne etwa durch Rassismus oder Minderheiten-Verunglimpfung bei Teenies punkten zu wollen. Braucht aber gute Musik nicht doch irgendeine fragwürdige PR-Story? Wohl schon. Zumindest hat es in diesem Fall funktioniert.

Sabrina Setlurs Abstieg in der Gunst der Fans kam dann allerdings durch ihre Liaison mit Tennisstar Boris Becker. In Deutschland ist es schwer, Street-Credibility zu haben und gleichzeitig mit einem etablierten Star zusammen zu sein. Moses und Kompagnon Thomas Hofmann haben sich mittlerweile auch entzweit. Sie machen heute jeweils ihr eigenes Ding. Moses Pelham führt die Plattenfirma weiter. Auf deren Homepage steht immer noch die Geschichte, wie Sabrina einst entdeckt worden war. Nur ein Detail ist jetzt anders: Das spontane Rappen zum Song von Snoop Doggy Dog fand nach der neuen Version im Auto von Moses statt. Was bedeutet schon die Wahrheit, wenn man Erfolg haben will?

Und Rödelheim? Ach, so richtig hat diese seltsame Darstellung dem Stadtteil im Nordwesten von Frankfurt auch nicht geschadet. Heute ist er so schläfrig wie damals. Einfach unverwüstlich, dieses Rödelheim.

GRUND NR. 15

Weil die Schädeldecke des Apostels Bartholomäus im Dommuseum zu sehen ist

Katholische Reliquien haben schon etwas Schauriges. Aber genau deshalb haben sie wahrscheinlich über die Jahrhunderte ihren Reiz und damit ihre Relevanz für die Menschen behalten. Im Frankfurter Dommuseum kann der Besucher eine echte Schädeldecke besichtigen. Unter allen möglichen Reliquien, die man rund um den Globus bestaunen kann, ist dieses Stück eines der – sagen wir mal – handfestesten.

Und es ist nicht irgendeine Hirnschale, sondern die eines Mannes, der als Jünger Jesu identifiziert wurde, des Apostels Bartholomäus. Der soll in Indien, Mesopotamien und vor allem in Armenien missioniert haben. Dort wurde er auf bestialische Art hingerichtet: Ihm wurde die Haut abgezogen, bevor er entweder gekreuzigt oder geköpft wurde.

So weit, so gruselig, aber die Horrordarstellungen gehen noch weiter. In vielen christlichen Fresken und Gemälden wird Bartholomäus gezeigt, wie er seine eigene Haut in Händen trägt. Ganz wie einen Mantel, den man gerade ausgezogen hat. Eigentlich müsste man an dieser Stelle schon den Jugendschutz anrufen und verfügen, dass so etwas nur nach 22 Uhr gezeigt beziehungsweise erzählt werden darf, aber es ist unser aller jahrhundertealter christlicher Brauch, das zu betrachten. Selbst auf Michelangelos Großwerk in der Sixtinischen Kapelle in Rom sehen wir den Apostel mit seiner Haut. Bei der Darstellung des Kopfes von Bartholomäus soll es sich sogar um ein Selbstbildnis von Michelangelo handeln.

Mit diesem Mann identifiziert sich also das Abendland. Und seine Schädeldecke fand mitten im tiefsten Mittelalter den Weg nach Frankfurt. Damit wurde der Dom auch Bartholomäus gestiftet und trägt seinen Namen. Sonst hat der Mann eigentlich nichts mit Frankfurt zu tun. Aber man brauchte wohl eine herausragende Reliquie, um dem Dom, in dem deutsche Könige und Kaiser gekrönt wurden, eine ganz besondere Aura zu verleihen.

GRUND NR. 16

Weil es mal einen Parteitag in einer Apfelweinwirtschaft gab

Wer nun wirklich einmal eine Wette gewinnen will, der sollte mit einem Frankfurter durch das Apfelweinviertel von Alt-Bornheim schlendern und ihn fragen, ob er weiß, in welcher der tollen Kneipen einmal ein SPD-Parteitag stattgefunden hat. Kein Kreisparteitag oder Landesparteitag – nein, der große, deutschlandweite Konvent aller Sozialdemokraten, der ältesten politischen Formation unseres Landes.

Der Gefragte wird erstaunt sein, dass in »Bernem«, wie der Stadtteil lautmalerisch genannt wird, überhaupt mal große Politik stattgefunden haben soll. Bornheim ist nämlich »das lustige Dorf« – in der Geschichte ging es hier immer um Spaß haben; Apfelweinlokale und Etablissements des Rotlichts lockten die Frankfurter in den Nordosten. Noch heute sind einige der besten Apfelweinlokale in Alt-Bornheim angesiedelt. (Zum Glück kein Rotlicht mehr!) Aber auch zahlreiche andere Gaststätten, die dem Bier, dem Wein, der Pizza oder dem gegrillten Schafskäse huldigen.

Und wenn Sie dann mit Ihrem Wettpartner an der Weißen Lilie vorbeikommen, dann sind Sie an der Stelle des SPD-Parteitags von 1894. Heute ist das Restaurant gutbürgerlich, mit spanischem Einschlag. Recht empfehlenswert. Drinnen gibt es schöne Bilder an der Wand, viel altes Holz in der Einrichtung und hin und wieder spielt ein Musiker mit Gitarre auf dem Treppenabsatz.

Vor gut 100 Jahren war das alles viel größer. Damals hatte die Weiße Lilie im Hinterhaus noch einen riesigen Saalkomplex. Und in den Liliensälen traf sich die Sozialdemokratie, weil sie kurzfristig ein Ausweichquartier suchen musste. Als Hauptrednerin zur Agrarfrage war die Sozialistin Clara Zetkin vorgesehen. Weil aber der Plan der Genossen vorsah, dass der Parteitag in Nürnberg stattfinden sollte, hatten sie plötzlich ein Problem. Im Freistaat Bayern war es nämlich verboten, dass Frauen auf politischen Versammlungen auftreten. Ja, so war das damals.

Lustig finde ich es immer wieder, dass es oft die Sozialdemokraten sind, denen so ein wichtiges Detail im Vorfeld nicht auffällt. Auch heute geraten die Genossen ja immer mal wieder in ein Fettnäpfchen, das durch bessere Recherche hätte vermieden werden können. Na ja, 1894 konnte man halt einfach noch nicht googeln. »Frau« und »Politik« und »Bayern« hätte in der Web-Suchmaschine des 19. Jahrhunderts garantiert eine deftige Warnung erbracht. Nur am Rande vermerkt: Eine aktuelle Suche mit diesen Stichwörtern führt zu einem Artikel aus der Tageszeitung *Die Welt* aus dem Jahr 2009 mit der Überschrift »Die CSU ist für Frauen ein hartes Pflaster«. Hat sich also viel geändert?

Egal, Frankfurt sprang damals gern ein, mit der Weißen Lilie im lustigen Dorf Bornheim. Seit dieser Zeit ist diese Lokalität ein Treffpunkt der SPD. Auch in den Zeiten der Weimarer Republik provozierten Nazi-Schergen hin und wieder Saalschlachten, um es den Linken zu zeigen. Ob Clara Zetkin in der Weißen Lilie auch einen ordentlichen Schoppen Apfelwein probierte, ist nicht überliefert. Und über ihre agrarpolitische Rede ist heute auch nichts mehr zu erfahren. Schade.

GRUND NR. 17

Weil Frankfurt eigentlich Hauptstadt sein müsste

Wer sich von einem etwas älteren Frankfurter den Weg erklären lässt, könnte hören: »Dann müssen Sie am Kartoffel-Kabinett vorbeifahren.« Das Kartoffel-Kabinett? Was könnte das denn sein? Vielleicht ein kleines, privat betriebenes Museum über die Köstlichkeit Kartoffel? Eine Institution, die dem Erdapfel huldigt?

Alles Quatsch. Der freundliche Wegweiser benutzt nur den aus der Nachkriegszeit stammenden Spitznamen des Geländes vom Hessischen Rundfunk am Dornbusch. Hier wäre nämlich fast der Deutsche Bundestag eröffnet worden. Ja, kein Witz. Frankfurt war ganz nah dran, Hauptstadt der alten Bundesrepublik zu werden. Und fleißig, wie man hier nun mal ist, hat man schon ein Regierungsviertel geplant. Der Haupteingang des Hessischen Rundfunks wäre Vorfahrt zum Bundestag geworden, dahinter befindet sich ein opulentes Foyer, das heute golden angestrichen ist und Goldfoyer genannt wird. Auch das sieht recht herrschaftlich aus. Der heutige Sendesaal wäre Plenarsaal geworden.

In Frankfurt war also alles bereit für die Hauptstadtfrage nach dem Zweiten Weltkrieg, und man war auch echt nah dran. Vier Städte hatten sich beworben: Kassel, Stuttgart, Bonn und Frankfurt. Wobei Konrad Adenauer sich eindeutig für das Provinznest Bonn einsetzte. Die Gründe sind bekannt, er hatte dort ein Häuschen. Kassel schied aus, weil es fast komplett zerstört war, und Stuttgart soll fast pleite gewesen sein damals. (Anmerkung: Es lag wohl nicht an einer fehlerhaften Bahnhofsplanung.) Ernsthafte Kandidaten für die Bundeshauptstadt – solange Berlin geteilt und in der sozialistischen Insellage gefangen war – waren also nur Bonn am Rhein und Frankfurt am Main.

Die Lager im Parlamentarischen Rat, der nun zu entscheiden hatte, formierten sich an Parteilinien. Die SPD war weitgehend geschlossen für Frankfurt, wohl auch einfach weil die Adenauer-CDU für Bonn war. Nur die hessischen CDU-Abgeordneten waren für die größte Stadt ihres Bundeslandes. Damit fehlten Adenauer in einer geheimen Probeabstimmung sechs Voten für Bonn. Weil er das erfuhr, setzte sich Bürgermeister Walter Kolb bei Radio Frankfurt ins Tonstudio und zeichnete schon mal eine Dankesrede auf.

Aber der alte Adenauer griff zu einer perfiden List. In der Fraktionssitzung zog er ein Blatt aus der Tasche, auf dem eine angebliche Meldung des Deutschen Pressedienstes stand, der damaligen Nachrichtenagentur. »Vertrauliche Meldung«, zitierte der spätere erste Kanzler und las weiter vor: Der SPD-Vorsitzende habe schon auf einer Vorstandssitzung von einer »sicheren Niederlage« der CDU gesprochen.

Mit dieser Meldung war die Hauptstadtfrage endgültig eine parteipolitische. Und genau das reichte, um die hessischen CDU-Abgeordneten zu disziplinieren. Der SPD wollten sie keinen Grund zum Feiern geben. Kleiner Schönheitsfehler der gesamten Angelegenheit: Die Meldung war gar keine echte Ticker-Meldung. Ein befreundeter Journalist hatte sie fingiert und Adenauer zur Verfügung gestellt und damit die Frankfurter um den Hauptstadt-Status gebracht.

Damals wurde das in Frankfurt als eine verpasste Chance gesehen, langfristig war es bestimmt nicht schlecht. Zumal ja die Regierung nach der Wiedervereinigung von Bonn wegzog (Walter Wallmann, damals Ministerpräsident von Hessen, versuchte 1990 dann noch mal vergeblich, Frankfurt als Kompromiss-Standort in die Berlin/Bonn-Diskussion einzubringen). Außerdem scheint es so, dass die Bonner Republik jahrzehntelang ein schlechtes Gewissen Frankfurt gegenüber hatte. Die für die wirtschaftliche Entwicklung der Stadt zweifelsohne extrem wichtige Bundesbank wurde am Main angesiedelt und in der Folge auch die Europäische Zentralbank; auch der Deutsche Wetterdienst bekam seinen Sitz in Frankfurt, wodurch es jahrzehntelang jeden Abend in der *Tagesschau* hieß: »Und aus Frankfurt nun das Wetter.«

Und das als Regierungsviertel konzipierte Dornbusch-Areal konnte Jahre später vom Hessischen Rundfunk bezogen werden. Weil der Frankfurter Volksmund aber nicht so richtig zwischen Bundestag und Kabinett, also zwischen Legislative und Exekutive, unterscheiden kann, nennt er das Möchtegern-Parlamentsgebäude also Kartoffel-Kabinett.

Statt Adenauer, Erhard und Brandt hatten wir also Kulenkampff, Heinz Schenk und Karin Tietze-Ludwig. Statt NATO-Doppelbeschluss hatten wir Werner Reinke. Auch gut.

GRUND NR. 18

Weil Frankfurter im Hilton Hotel schwimmen gelernt haben, aber dennoch nicht als Snobs gelten

Wenn Frankfurter Besucher haben und über den Anlagenring in die City laufen, dann kommen sie oft am Hilton Hotel vorbei. Es ist ein eher normaler, moderner Hotelbau, der aber zur Parkseite eine große Schwimmhalle besitzt. Das geschwungene Dach ist ein imposantes Element, das man nicht bei jedem funktionalen Hotel antrifft. »Und hier habe ich schwimmen gelernt«, verraten die echten Frankfurter meiner Generation dann öfter, und der Gast ist erstaunt, dass der Frankfurter anscheinend als Kind im Nobelhotel ein und aus ging.

Aber so verrückt und abgehoben ist Frankfurt nun wirklich nicht. Kern der Geschichte ist, dass die tolle Schwimmhalle früher als Stadtbad Mitte bekannt war und in den Neunzigerjahren, als Geldmangel in den kommunalen Haushalten überall zu Schließungen von Bädern führte, das denkmalgeschützte Hallenbad in den Neubau des Hilton Hotels einbezogen wurde.

Städtebaulich kann man das wohl als Rettungsaktion bezeichnen. Echte Frankfurter empfinden es aber als sehr schade, dass ein kommunales Schwimmbad heute zum Fitness-Center für Gutbetuchte und als angegliederter Wellnessbereich der amerikanischen Hotelkette fungiert. Auch wenn es immer noch von 6.30 Uhr bis 15.30 Uhr für normale Frankfurter zugänglich ist (leider zu einem Preis von bis zu 8,50 Euro).

Frankfurts Stadtbad Mitte ist viel mehr als ein Hotelpool. Es ist ein Stück Stadtgeschichte. Über den Neubau wurde in den Fünfzigerjahren so hitzig diskutiert wie heute über Stuttgart 21 und den Berliner Flughafen zusammen. Die Wallservitut wurde durch den Bau verletzt. Was eigentlich gar nicht statthaft ist, weil das einen Einschnitt in die Grünanlage bedeutete. Als Ausgleich wurde der Park nebenan erweitert.

Und dann mussten die Stadtpolitiker auch noch die Bauverzögerung erklären. Als Entschuldigung führten die Verantwortlichen damals aber nicht den Brandschutz an, sondern den allgemeinen Bauboom der Wirtschaftswunderjahre. Statt 1959 wurde der Schwimmbadbau ein Jahr später fertig und kostete dann 13,4 Millionen Mark.

Die fällige Sanierung 30 Jahre später hätte aber 40 Millionen Mark gekostet. Davor kapitulierte man und verkaufte das denkmalgeschützte Gebäude für 36 Millionen Mark an ein Hotelkonsortium.

Die Bürgerinitiative »Rettet das Stadtbad Mitte« hatte da nicht mehr viel zu melden. Die Initiatoren wollten eigentlich eine Million Mark einsammeln, um einen gemeinnützigen Badebetrieb in Eigenregie durchzuführen, bekamen aber nur eine Spendensumme von 68.000 Euro zusammen. Hilton verpflichtete sich, 30 Jahre lang das Schwimmbad für 45 Stunden pro Woche der Öffentlichkeit zugänglich zu machen. Und damit durften sie ein 13-stöckiges Gebäude direkt an den Citypark bauen. So laufen Geschäfte in Frankfurt.

Von den drei Schwimmbecken blieb aber nur das unter dem geschwungenen Dach erhalten. Das tiefere, wo teilweise sogar internationale Meisterschaften vom Zehn-Meter-Sprungturm stattgefunden hatten, wurde entfernt. Dort befindet sich heute der Ballsaal des Hotels. Immerhin sieht man im Foyer noch das Mosaik der Schwimmbadwände.

Und noch heute muss ich an das Lehrschwimmbecken denken, das nicht mehr existiert. Ungefähr an seiner Stelle stehen jetzt die gemütlichen Lounge-Sessel der Hotelbar. Immer wenn ich hier einen Drink nehme, muss ich an Frau Schmidt denken, meine erste Schwimmlehrerin (leider schon verstorben), und sofort habe ich einen virtuellen Chlorgeruch in der Nase. In diesen Sesseln kann ich also höchstens einen kräftigen Anisdrink oder einen Pfefferminztee zu mir nehmen, keinen edlen Wein, der würde mir hier einfach nicht schmecken.

GRUND NR. 19

Weil Jim Morrison einen Frankfurter Pfarrer bestochen hat

Die Frankfurter Kirchen haben eine lange und sehr interessante Geschichte. Viermal im Jahr treten sie in den akustischen Diskurs und heben zum »Frankfurter Stadtgeläute« an. Aufnahmen davon kann man sogar auf Tonträger erwerben. Aber die Geschichte, wie die Alte Nikolaikirche am Römerberg zum Meditations-Ort von Jim Morrison wurde und der sogar noch Geld an den Pfarrer zahlte, ist eine ganz besondere. Pfarrer Jeffrey Myers erzählte diese Episode, die sein Vorgänger erlebte, einmal zur Eröffnung der Frankfurter Musikmesse. Und dank meines Kollegen Detlef Kinsler kann ich sie hier aufschreiben.

Es war im September 1968. Die wildeste Band der Zeit, The Doors, landete in Frankfurt. Ihr damals einziges Deutschland-Konzert sollte sie in der Kongresshalle am Messegelände spielen. (Die hässliche Halle gibt es heute nicht mehr, dort stehen jetzt das Congress Center und das Maritim Hotel.) Am Morgen des Konzerttages hatte das ZDF noch eine Aufzeichnung vorgesehen. Moderator Ilja Richter wollte seine Sendung *4-3-2-1 Hot & Sweet* mit den US-Stars schmücken. Doch die Fernsehleute hatten irgendwelche Probleme, und die für zehn Uhr angesetzte Aufzeichnung verzögerte sich.

Genug Zeit für Frontmann Jim Morrison, auf eigene Faust Frankfurts Innenstadt zu durchstöbern. Er lief über den Römerberg und sah, dass die Pforte der Alten Nikolaikirche geöffnet war. Er ging rein und – nein, er zog sich nicht aus, was er damals ja oft als provozierendes Element in seine Bühnenshow einbaute. Der strubbelige Jim sah die wunderschöne Orgel, setzte sich hin und haute einfach mal in die Tasten.

Natürlich eilte der damalige Pfarrer Gerhard Klein heran, schließlich war gar keine Orgelprobe angesetzt. Ob er den Weltstar überhaupt erkannte, ist nicht überliefert, aber er soll ihn aufgefordert haben, das profane Spiel einzustellen. Jim Morrison griff in die Hosentasche, zog ein Bündel Geldscheine heraus und gab dem Gottesmann 500 Dollar.

Wahrscheinlich hatte Pfarrer Klein in diesem Moment den Rüpel-Musiker doch erkannt, sonst hätte er sich bestimmt nicht bestechen lassen. Vielleicht hat ihm aber auch die Qualität der musikalischen Performance zugesagt. Egal. Der Geldbetrag wurde einfach der Kollekte zugeschlagen, und Jim Morrison durfte eine Stunde lang an den Tasten und Hebeln der Kirche werkeln. Schade eigentlich, dass kein Aufnahmegerät zur Verfügung stand. Eine Platte unter dem Titel *Jim Morrison live at the Altar* wäre sicherlich der Hit gewesen, und wir hätten dann wohl jahrzehntelang Pilgerströme von bekifften Fans in der Frankfurter City gesehen. Ganz so wie am Morrison-Grab auf dem Pariser Friedhof Père-Lachaise.

Schade, eine Chance verpasst. Aber das Stadtgeläute zieht heute auch viele musikalisch interessierte Menschen an. Immer in Verbindung mit den Terminen der Hochfeste des Kirchenjahres treten die Glocken der Innenstadtkirchen in ihren Wettstreit ein: am Samstag vor dem ersten Advent, an Heiligabend, am Samstag vor Ostern und am Samstag vor Pfingsten.

Zwar ist das gemeinsame Läuten schon seit 1347 belegt, das harmonische Geläut gibt es aber erst seit 1954. Möglich wurde es, weil nach dem Krieg die Kirchen zerstört waren. Weil die Stadt seit den Zeiten der Säkularisierung als Eigentümerin aller Kirchen innerhalb des Anlagenrings (der früheren Stadtmauer) gilt, war sie zuständig für den Wiederaufbau. Weitsichtige Kommunalpolitiker beauftragten Anfang der Fünfzigerjahre den Mainzer Glocken- und Orgelbausachverständigen Professor Paul Smets mit der Konzeption der vielen Kirchturmglocken. So entstand ein echtes Ensemble.

Stolz schreibt die Stadt Frankfurt heute auf ihrer Webseite *frankfurt.de*: »Das Ergebnis halten Fachleute für einmalig – nicht nur in Deutschland.« Wenn der musikalische Jim Morrison das alles gewusst hätte, wäre er bestimmt zum Stadtgeläute noch einmal nach Frankfurt gekommen. Als Gage für die Orgelbegleitung hätte Pfarrer Klein ihm ja die 500 Dollar zurückgeben können.

GRUND NR. 20

Weil Frankfurt Oscar-Preisträger ist

Immer wenn es im Februar im fernen Los Angeles heißt: »And the Oscar goes to …«, dann fiebern Frankfurter mit. Meist haben wir nämlich ein Eisen im Feuer. Entweder ist Hans Zimmer oder Pixomondo nominiert, beide sind waschechte Frankfurter.

Hans Zimmer ist einer der meistdekorierten Komponisten für Hollywood-Filme. Bereits neunmal war er in der Kategorie Beste Filmmusik für den Oscar nominiert. Zum Beispiel die Filme *Rain Man*, *Gladiator*, *Sherlock Holmes* und *Inception* brachten ihm Nominierungen ein, seine Arbeit an *Der König der Löwen* wurde tatsächlich mit dem Oscar belohnt. Und im Jahr 2010 bekam Hans Zimmer einen Stern auf dem Walk of Fame in Hollywood. Nicht schlecht für einen Jungen, der 1957 in Frankfurt geboren wurde, dann zwar etwas Klavierunterricht bekam, aber nie formell Musik studiert hat.

In den Siebzigerjahren klimperte Zimmer in einigen englischen Bands, die am Rande der New-Wave-Welle herumsurften, und er wirkte sogar am Hit *Video Killed the Radio Star* mit. Das Video zu diesem Song war ja das allererste Musikfilmchen, das jemals auf MTV lief. Auch Hans Zimmer ist darin zu sehen. Der Mann, der gar nicht wie ein Star aussieht, schrieb damit Popmusik-Geschichte.

Heute lebt Hans Zimmer mit vier Kindern in Los Angeles, wirkt ziemlich amerikanisiert, aber hin und wieder gibt er Interviews auf Deutsch. In Frankfurt freut man sich immer, wenn er wieder einmal einen Erfolg verbucht hat.

Pixomondo ist ein anderer Fall. Hier wird tatsächlich in Frankfurt richtig hart gearbeitet. Es ist eine dieser Digital-Film-Schmieden, die so erstaunliche Special Effects kreieren. 2012 bekam das Team für Martin Scorseses *Hugo Cabret* den Oscar für die besten visuellen Effekte. Okay, eine genaue Vorstellung von der Arbeit Pixomondos hat der Frankfurter nicht wirklich. Die digital agierenden Designer und Programmierer arbeiten im Verborgenen, tüfteln jahrelang an einzelnen Szenen, aber in der Oscar-Nacht feierten sie mit TV-Teams und Pressefotografen, und die ganze Stadt freute sich für die Nerds.

Pixomondo hat einen Oscar für Frankfurt geholt, so jedenfalls fühlte sich das an. Dabei ist das Geschäftsprinzip der Digitalschmiede gerade darauf aufgebaut, dass man sich örtlich nicht so sehr festlegt. Das Frankfurter Unternehmen hat nämlich sehr viele Partner- und Tochter-Agenturen auf der gesamten Welt. Viele Büros arbeiten gleichzeitig am selben Projekt. Immer wenn der Arbeitstag zu Ende geht, wird das Projekt in ein Büro weitergeleitet, wo gerade die Sonne aufgeht. So kann die Arbeit von Shanghai nach Frankfurt transferiert werden, später weiter nach Burbank und dann wieder nach Frankfurt. Demzufolge arbeitet die Firma rund um die Uhr, obwohl die Kreativen ordentliche Arbeitszeiten haben.

So werden Projekte für Großkunden wie Volkswagen, Porsche, Lufthansa oder manroland betreut und eben ganz große Filme wie die deutsche Produktion *Hindenburg*. Aber auch Hollywood-Filme wie *Fast & Furious Five* oder *2012* tragen viele Pixel aus Frankfurt in sich. Ein ziemlich schlaues Management und sehr viel Kreativität.

Nur nicht blenden lassen
von den Glitzer-Fassaden

Kapitel 3

FRANKFURTER NÄCHTE SIND LANG

Ausgehen

GRUND NR. 21

Weil die Mädels in Frankfurt ihre Schuhe im Kofferraum lagern

Vor gar nicht so langer Zeit vor dem Frankfurter Living, der Edel-Disco im Erdgeschoss der Europäischen Zentralbank: Drei Gestalten beugen sich um halb zwei nachts über den Kofferraum eines VW Golf und tuscheln mehr, als sie diskutieren. Ein Drogendeal? Nee, das glaube ich nicht. Obskur wirkt das Ganze schon, aber doch nicht wirklich verbrecherisch. Zumal alle drei Gestalten weiblich sind und recht schick aussehen. Designer-Jeans und Minikleid – so läuft kein Dealer rum. Außerdem habe ich noch nie von aus dem Kofferraum dealenden Partygirls gehört!

Wie der Zufall es will, ist Anette dabei, die ich kenne. Damit hat sich die Drogendealer-These sowieso in Luft aufgelöst, und ich bin echt froh, dass ich sie einfach mal fragen kann, warum man denn als junges Mädchen nachts in der Frankfurter City im Kofferraum wühlt.

»Ach, Frankfurt ist doch so ätzend«, klärt mich Anette auf. Sie meint damit natürlich die ungeschriebenen Gesetze der Frankfurter Discoszene. Im Living war nicht so viel los, also wollte die Frauenclique weiterziehen in den benachbarten Velvet Club. »Aber da gehen wir nicht in unseren High Heels rein!« Denn im Velvet feiert heute eine Hip-Hop-Gemeinde, da braucht man anderes Schuhwerk als im Living, wo sich eher die Taunus-Schickeria bei Prosecco, Wodka-Red-Bull und Housebeats wach hält. Zum Glück sind schicke Sneakers für solche Fälle im Auto gelagert und werden jetzt am Bürgersteig angezogen.

Außerdem hat jede der Frauen auch noch Notfall-Ballerinas in der Handtasche. »Damit geht frau also oft mit drei Paar Schuhen aus«, fasse ich das Gelernte zusammen. »Mindestens drei Paar Schuhe«, klärt mich Anette auf und zaubert auch noch ein

Paar High Heels mit endlos hohen Absätzen aus dem Kofferraum. »Das sind mehr als zwölf Zentimeter, das sind meine Sitzschuhe.« Aha.

Dieses Designerpaar trägt die 23-Jährige nur, wenn sie genau weiß, dass sie nicht weit laufen muss. »Wenn wir einen Platz an einem Tisch haben und einen Parkplatz gleich um die Ecke oder wenn wir mit dem Taxi kommen.« Welcher Club in Frankfurt denn dafür infrage komme, möchte ich wissen. »Das Gibson, aber nur zu besonderen Anlässen.« Oder die Audi Nights. »Und im Kane & Abel habe ich die auch schon mal angehabt, aber nur weil ich wusste, dass wir sitzen.« Ich kann mir die scherzhafte Anmerkung nicht verkneifen, dass die Deckenhöhe in diesem Club ja die niedrigste von allen Locations sei und es doch lustig ist, dass die Damen genau dort die höchsten Schuhe tragen.

Der Witz kommt aber gar nicht wirklich gut an. »Kapier ich jetzt nicht«, nuschelt Anette und verabschiedet sich auf Sneakers in Richtung Velvet Club. Und ich habe gelernt, dass auch für Frauen die Schuhwahl beim Ausgehen stressbehaftet sein kann.

Dass Schuhe für männliche Clubbesucher manchmal eine tragische Sache sind, war mir ja bekannt. Warum der typische Türsteherblick immer als Erstes auf die Füße der Einlass begehrenden Nachtschwärmer trifft, ist unter Männern, die ausgehen, ein ständiges Rätsel. Immer auf die Schuhe! Als ob man am Treter sieht, ob jemand gute Stimmung macht. Okay, am Schuhwerk erkennt man vielleicht ungefähr, ob jemand mehr Geld hat, als er braucht. Wer immer was Neues am Fuß hat, der wird sich vielleicht auch den teureren Wodka im Club bestellen. Aber dass er trinkfester ist, ist dadurch auch nicht gesagt.

Und überhaupt: Diese selbst ernannten Schuhspezialisten an den Türen können doch keinen 500-Euro-Designer-Turnschuh von einem Allerweltstreter von eBay unterscheiden. Eigentlich finde ich es nur gerecht, dass die Frauen sich auch ihren Kopf zerbrechen müssen, was sie ganz unten anziehen.

GRUND NR. 22

Weil Frankfurt auch anders kann

Frankfurt hat nicht nur die große Disco, nicht nur den tollen Club, der in der britischen DJ-Presse gelobt wird. Nicht nur das teure Abhängen wird hier zelebriert, es geht auch ganz normal. Und in Sachsenhausen hat das sogar Tradition. Jahrzehntelang schien Alt-Sachsenhausen auf die schiefe Bahn geraten zu sein. Nur noch billige Läden, nur noch pöbelnde Engländer und US-Soldaten, die die Sau rauslassen wollten. Dadurch schlossen immer mehr Läden von ambitionierten Wirten.

Aber das alte Fußgänger-Areal fast direkt am Main macht sich wieder. Und hier gibt es das eher normale Abfeiern. Klar, die Spaßkneipe mit hohem Alkoholdurchlauf am Zapfhahn hat hier Konjunktur. Auch die Kneipen, die sich am meisten gegen das regierungsamtliche Rauchverbot auflehnten (was heute übrigens in Frankfurt gar nicht mehr so wirklich durchgesetzt wird!), haben hier ihren Sitz.

Es sind zahme Szenen, die sich untereinander ganz gut verstehen. An der einen Ecke, in der Großen Rittergasse, ist die Hochburg aller Metal-Fans. Das Speak Easy bietet seit 1987 ununterbrochen seinen Horden besten Heavy Sound, meist vom DJ, manchmal auch mit Live-Band. Und nur wenige Straßen weiter findet sich die Spaßkneipe von Schlagerstar Markus Becker, Zum Roten Pferd, benannt nach seinem größten Hit. Schlager- und Metal-Fans sind friedlich beieinander. Zwischendrin einige Traditions-Apfelweinlokale wie das Lorsbacher Thal (tolle Gans zur Weihnachtszeit). Und an der Ecke zur Dreieichstraße gibt es die besten selbst gemachten Burger. Name des Restaurants: Burgermeister. Ein wahrer Meister der Rindfleisch-Brutzelei.

Noch hat dieses traditionsreiche Viertel den Turnaround in die Neuzeit nicht ganz geschafft. Ein volkstümliches Theater mit modernem Charme von Schauspieler Michael Quast soll hier eigentlich entstehen, aber die Stadt behauptet plötzlich, sie habe mal wieder kein Geld. Aber auch jetzt schon ist es absolut ratsam, in Alt-Sachsenhausen ab und an mal eine Partynacht zu verleben. Man muss nur halbwegs trinkfest sein.

GRUND NR. 23

Weil jeder in der Apfelwein-Wirtschaft gleich unfreundlich bedient wird

Wer in eine Apfelwein-Gaststätte geht, der muss ein dickes Fell haben. Mit Pseudo-Freundlichkeit à la »Nice to see you, welcome« oder auch einfach nur mit normaler Freundlichkeit können oder wollen die klassischen Kellner nicht dienen.

Wer sich im Gemalten Haus, im Germania, im Kanonensteppel oder im Fichtekränzi der Aufforderung des Kellners widersetzt, etwas zusammenzurücken, damit andere Gäste auch noch Platz haben, lebt gefährlich.

Und wer es in bestimmten Gaststätten wagt, den für manch fremde Zungen zu sauren Apfelwein mit süßer Limonade genießbarer zu machen, dem kann es sogar passieren, dass er gebeten wird, das Lokal zu verlassen. Das Traditionslokal Zur Stalburg ist dafür bekannt. Hier ist man halt einfach sehr stolz auf das »Stöffsche«, das der Wirt Fritz Reuter tatsächlich noch selbst keltert. Und die Vorstellung, das mit süßer Limonade zu verschneiden, ist ihm ein Graus. Es geht sogar das Gerücht um, dass jemand am Selbstbedienungstresen ein Glas Apfelwein und eine Mirinda bestellt hat und der Wirt das süße Getränk erst rausrückte, nachdem der Gast ein Kind in seiner Begleitung vorweisen konnte. So rau können die Sitten sein!

Aber, keine Angst, es gibt mittlerweile viele Traditionslokale, die auch Süß-Gespritzten bestellen. Vielleicht einfach mal an den

Nebentischen schauen, ob da auch eine Flasche mit etwas Limo steht, oder freundlich fragen, ob es möglich wäre, einen Süßen zu bekommen. Aber: Wenn es nicht geht und man bleiben will, nicht beleidigt wirken oder gar diskutieren.

Nach Stadtteilen kann man in dieser Frage übrigens nicht ohne Weiteres gehen. Es gibt die strengen Traditionalisten überall, wo es Apfelwein-Familien gibt, und modernere, mehr serviceorientierte gibt es auch überall. Wobei schon graduelle Unterschiede vorhanden sind.

In Alt-Sachsenhausen hat der Freund des Süßen vielleicht noch eher Glück, hier ist man durch jahrelange Invasion internationaler Touristen mittlerweile ziemlich abgehärtet. In dem Gebiet um Textorstraße und Schweizer Straße (die zweite Apfelwein-Hochburg Sachsenhausens) würde ich allerdings sehr vorsichtig nachfragen, wenn ich einen Süß-Gespritzten wollte.

In Bornheim ist auch Vorsicht angesagt. »Das lustige Dorf« war zwar jahrhundertelang dafür bekannt, dass hier Prostitution geduldet wurde, aber beim Panschen des Apfelweins mit etwas Süßem hört die Toleranz auf.

Klar ist, dass man in der Gastronomie, die nicht selbst keltert, überall einen Süß-Gespritzten bekommt. Aber eigentlich sollte man dem Neuankömmling raten: Probieren Sie bitte den Apfelwein pur oder mit etwas Sprudel gespritzt. Das erste Glas wird nicht schmecken und das zweite wahrscheinlich auch nicht. Aber die Gläser danach versprechen echten Frankfurt-Genuss. Und es erspart Stress mit dem Wirt.

GRUND NR. 24

Weil Frankfurts Clubszene gleichzeitig klein und groß ist

Groß ist groß, klein und fein ist aber auch ganz groß. So könnte man das Frankfurter Clubleben von heute umschreiben. Und: Nachts ist wieder die Innenstadt angesagt. Während in der vergangenen Dekade auf der sogenannten »Partymeile Hanauer Landstraße« ein Club nach dem anderen öffnete und super lief, ist dort so etwas wie eine Tanzkrise ausgebrochen. Natürlich gibt es hier auch noch den einen oder anderen Club, der an manchen Tagen eine gute Stimmung verspricht, aber das angesagte Viertel der Nacht ist die Innenstadt.

Das gilt besonders, seit der Club Gibson eröffnet hat. In einem alten Kino, mitten auf der großen Einkaufsstraße Zeil hat der erfahrene Clubmacher Madjid Djamegari seinen Traum verwirklicht. Und er hat dabei die Zeichen der Zeit erkannt. »Du musst heute jeden Abend etwas Besonderes bieten«, ist sein Mantra, das er dem Team vorgibt. »Einfach nur einen bekannten DJ hinters Pult stellen und dann kommen alle seine Fans, das ist nicht mehr.«

Also erleben wir zum Beispiel, dass neben dem DJ ein ganzes Schlagzeug aufgebaut wird. Und der Drummer, der ab Mitternacht hier loslegt, ist sogar auch noch ein echter Showman. Er schnappt sich die Nebelmaschine und »feuert« damit ins Publikum. Wenn man das hier einfach so aufschreibt, dann wirkt es gar nicht so spektakulär. Aber vor Ort ist es der Wahnsinn!

Dahinter steckt einfach die Erkenntnis, dass wir heute so vielen verschiedenen Reizen ausgesetzt sind, dass wir das Normale schon als langweilig ansehen. Also muss auch ein DJ-Set – zumindest in einer Groß-Disco – das gewisse Etwas haben. Das gewisse Etwas im Film ist eine Actionszene, im Club ist es ein Live-Auftritt. Im Gibson tanzen dafür keine Go-go-Tänzerinnen, was andernorts das Live-Element sein soll. Das Gibson ist bekannt als echte Konzerthalle. Die wichtigen Acts, die so um die 2.000 Zuschauer ziehen, gastieren alle hier – auch weil es schöner ist als in einer Stadthalle außerhalb der Stadt.

Madjid hat es geschafft, einem profanen Ort im Kellergeschoss auf der nachts ehemals toten Zeil Magie einzuhauchen. Das ist der wohl einzige Weg, das heutzutage hinzukriegen, zumindest wenn es um einen Club mit einer Kapazität von über 2.000 Gästen geht.

Es geht aber auch eine oder gar mehrere Nummern kleiner. Gerade mal drei Minuten Fußweg entfernt tanzt man nämlich auch sehr gut. Im Club Travolta, den die DJ-Brüder Julian und Dennis Smith gegründet haben, finden nicht mehr als 300 Gäste Platz. Der Laden ist immer voll, was auch dazu führte, dass es dem älteren der Brüder zu langweilig wurde. Er stieg im Sommer 2013 aus und eröffnete direkt an der Alten Oper das Chinaski – ein genialer Ort, gerade weil es kein Club sein will, aber immer einen tollen DJ hat. Es soll aber auch keine klassische Bar sein, obwohl hier mit die besten Barkeeper der Stadt arbeiten – freundlich, kompetent und vor allem gut aussehend.

Wer hier abhängt, begreift recht bald, warum die klassische Disco in der Krise steckt: Clubatmosphäre mag fast jeder junge Mensch, aber wenn man Clubatmosphäre plus ein gemütliches Ambiente hat, zieht man das einfach vor. Außerdem haben heute auch ganz normale Kneipen oft bis drei oder vier Uhr morgens geöffnet, man muss also nicht, um noch einen Drink zu nehmen, samstags gegen halb zwei in eine Disco gehen. Damit haben die meisten Groß-Clubs einfach nicht mehr die kritische Masse, ab der dort gute Stimmung herrscht.

Würde Frankfurt also nicht das Gibson oder das Adlib haben, das auch super funktioniert, müsste man sagen, Clubkultur spielt sich heute in den kleinen Locations ab. Und davon hat Frankfurt auch einige zu bieten. Wobei jeder dieser Clubs etwas Einzigartiges hat. Das APT auf dem Union-Gelände wird von Frankfurts wichtigster Modelagentur, der eastwest, geleitet. Der Chefscout Carlos Streil hat also die Möglichkeit, seinen Schützlingen nahezulegen, im Agentur-eigenen Club abzufeiern. Hübsche Menschen ziehen weitere Gäste an. Und auch unter dem Servicepersonal gibt es einige Models oder Ex-Models.

Aber auch die alternative Szene hat in Frankfurt ihre Heimstätten: das Silbergold zum Beispiel oder aber das Zoom, das aus dem legendären Frankfurter Sinkkasten hervorgegangen ist. Und das Cooky's mitten in der City ist seit über 30 Jahren die legendärste Disco Frankfurts. Auch heute noch kann man hier schöne Partynächte erleben, allerdings muss man etwas Glück haben, dass man einen guten Abend erwischt.

Übrigens ist der Berliner Cookies Club quasi als Ableger entstanden, was die heutigen Macher in der Hauptstadt gar nicht mehr so gern wahrhaben möchten. Mitte der Neunziger zogen Frankfurter an die Spree und feiern seit 1994 unter diesem Namen an insgesamt fünf verschiedenen Locations. So war die eigene Tradition geboren.

Vielleicht sollten Sie mal wieder am Main auf Erkundungstour durch die Nacht gehen. Und Berliner sind sowieso regelmäßig überrascht, wie vielseitig das Frankfurter Nachtleben ist.

GRUND NR. 25

Weil Frankfurt überall Disco kann

Frankfurts Clubs sind oft gar keine Clubs. Das sollte man wissen, wenn man hier abfeiern möchte. Das bereits erwähnte Chinaski von Julian Smith ist nicht die einzige Location, wo die Betreiber zwar ein Clubgefühl verbreiten, aber immer betonen, man sei gar keine Diskothek.

»Diskothek« klingt ja auch so kompliziert und vor allem so eindimensional. Es hat heute den Beiklang, als wolle man sich nur noch zudröhnen, sei es mit legalen oder anderen Drogen. Nein, das Frankfurter Nachtleben funktioniert heute ganz anders, als Nebeneffekt ist es natürlich auch komplizierter geworden. Die beste Party der Stadt findet man nicht mehr so leicht.

Die beste Party der Stadt ist nämlich ganz oft eine in einer Off-Location. Besonders interessant sind hierbei die Partys von Rockmarket. Meist in Gebäuden, die demnächst abgerissen oder kernsaniert werden, veranstalten die Macher vom Nordisk-Designbüro echt interessante Veranstaltungen. Meist sind hier besonders interessante DJs zu Gast, hier wird noch die Kultur des Mixens und der wertvollen Tanzmusik hochgehalten. Leider haben die Rockmarket-Macher aber nicht immer eine Location, die ihren kreativen Ansprüchen gerecht wird, also muss man immer mal wieder online gehen oder auf entsprechende Seiten in den sozialen Netzwerk gucken, wo gerade Rockmarket stattfindet.

Aber das Feiern an ungewöhnlichen Locations ist längst keine Domäne der Alternativkultur mehr. Auch das Publikum, das sogar zum Feiern Anzug oder Abendkleid trägt, hat seine Off-Locations. Zum Beispiel das Zenzakan. Eigentlich ist es eines der aufregendsten Restaurants. Ganz dunkel gehalten, sodass die internationalen Gäste oft sagen, es habe »etwas von New York«. Cool, schick und teuer kann man hier immer essen. Aber drei- bis fünfmal im Jahr werden einige Tische weggeräumt und es gibt Party. Dann ist das die angesagteste Party des Wochenendes. Das Ganze ist ein Konzept, das von den Partygrößen Alex Urseanu und Micky Rosen etabliert wurde. Sie sind eigentlich Hoteliers, betreiben Boutique-Hotels wie das Pure, das Bristol oder das Roomers. Und in einem ihrer Hotels feierten sie einmal im Monat unter dem Motto »Nightcrawlers«. Eintritt frei, man musste aber auf der Gästeliste stehen. So entstand das, was man immer als Hype bezeichnet: Jeder wollte auf der Liste sein, und wenn man drauf war, dann ging man auch sicher hin. Was den Veranstaltern an Eintrittsgeld verloren ging, holten sie durch den Getränkeverkauf wieder rein. Selbst die nach jeder Feier obligatorische Renovierung der gesamten Hotel-Lobby rechnete sich dadurch.

Heute haben Micky und Alex feste Locations, wie den Kellerclub Kane & Abel neben der Goethestraße, und vor allem die sehr stylishe Bar des Roomers-Hotels hat sich als Quasi-Club etabliert, weshalb sie nicht mehr so oft »Nightcrawlers« feiern.

Wie kommt man also auf diese Gästelisten? Am besten in den sozialen Netzwerken Kontakt aufnehmen und klarmachen, dass man zu der jeweiligen Partycrowd passt. Für auswärtige Gäste funktioniert aber immer noch die klassische Variante, dass man sich vom Concierge des Hotels auf die entsprechende Liste setzen lässt.

GRUND NR. 26

Weil Frankfurt schon zweimal Gastgeber der MTV Europe Music Awards war

Frankfurt ist Musikhauptstadt. Wer das bezweifelt, der sollte sich einfach mal anschauen, welche Städte dem weltweiten wichtigsten Musikfernsehsender so wichtig sind, dass er seine europäischen Awards dort überreicht. Frankfurt schaffte das schon zweimal. In den Jahren 2001 und 2012 war die Stadt mit der Verleihung der MTV Europe Music Awards jeweils im November für ein Wochenende Nabel der Musikwelt.

Jetzt ist der Frankfurter aber nicht so vermessen zu behaupten, dass die kreativste Stadt der Musikwelt am Main liegt. Auch nicht, dass MTV bitte schön ab sofort jedes Jahr die Trophäen an Robbie Williams, Taylor Swift oder Justin Bieber in der Festhalle überreichen lassen sollte.

Aber das Stichwort Festhalle ist schon ganz wichtig in diesem Zusammenhang. »Gudd Stubb« nennt man die Halle bei uns. »Gute Stube«, um das zu übersetzen. Und ja, bei allen Begründungen für die Wahl Frankfurts kam dieses Argument: Die Festhalle ist einfach wahnsinnig schön. Um das zu empfinden, muss man übrigens kein Musiker sein, der von bis zu 14.000 Zuschauern, verteilt auf zwei Oberränge und einen Innenraum, angehimmelt wird. Man muss nur mal ein Konzert hier besuchen. Die 1907 erbaute Halle ist einfach schön und ein sogenanntes Lieblingsvenue der Künstler. Und weil das Fernsehen diese Atmosphäre auch sehr gern sieht (das ist buchstäblich gemeint), war Frankfurt bei den MTV-Bossen immer schon ganz weit oben auf dem Zettel.

Natürlich gibt es noch andere Gründe für die Wahl Frankfurts als Austragungsort einer Veranstaltung, die eine logistische Meisterleistung verlangt. Die Festhalle ist zwar schon älter als 100 Jahre, ist aber topmodern ausgestattet. Besonders die Einbindung in das Messegelände ist ein echter Vorteil – während der Automesse IAA okkupiert aus gleichem Grund ein Untertürkheimer Hersteller die gesamte Halle. Besonders die angrenzende Halle 1 (die Festhalle ist offiziell Messehalle 2) diente 2012 Award-Moderatorin Heidi Klum und allen anderen MTV-Gästen als Garderobe. Auch Pressezentrum und der showartig vergrößerte rote Teppich fanden hier Platz.

Wir wollen auch in diesem Zusammenhang natürlich nicht vergessen, dass Frankfurt verkehrstechnisch in der Champions League spielt, aber es gibt noch einen letzten Grund, warum die Stadt bei MTV so hoch im Kurs steht: Deutschlands wichtigster Konzertveranstalter ist Frankfurter. Marek Lieberberg hat hier seine Mega-Karriere gestartet. Er war Journalist bei der Nachrichtenagentur AP und brachte es bis zum Impresario mit Weltgeltung. Und er ist der Stadt treu geblieben. Sein Büro im sogenannten Dichterviertel ist Schaltzentrale für viele Tourneen. MLK (Marek Lieberberg Konzertagentur) organisiert zum Beispiel die Riesenfestivals »Rock am Ring« und »Rock im Park«, aber auch viele Konzerte unterschiedlicher Größe. Große Weltstars, aber auch kleine Nachwuchskünstler, die er oder sein Team einfach toll finden, unterstützt er. Marek ist

Impresario alter Schule, zwar Geschäftsmann, aber auch Förderer und Musikliebhaber.

Und wenn ein Lieberberg in seiner charmanten Art, die aber immer mal wieder auch in Cholerik umschlagen kann, den Londoner MTV-Chefs klarmacht, dass ihr Hauptevent des Jahres bitte schön mal wieder in der Gudd Stubb stattfinden soll, dann können die circa alle zehn Jahre nicht Nein sagen. Gut so für die Gudd Stubb.

GRUND NR. 27

Weil in Frankfurt Techno erfunden wurde

Wenn es einen substanziellen deutschen Beitrag zur neueren populären Musik gibt, dann ist das Techno, die Spielart der elektronischen Tanzmusik, die härter und direkter als die ursprüngliche House-Musik kommt. House ist aber immer noch der Oberbegriff aller elektronischen Tanzmusik, die keine Wurzeln in der Black Music hat, ihren Ursprung hat sie in Chicago und in Nordengland.

Wo die Musikrichtung Techno tatsächlich erfunden wurde, kann man natürlich nicht wirklich sagen. Wahrscheinlich war das sowieso in irgendeinem Keller, in dem ein pickliger Teenager mit seinem neuesten Synthesizer herumspielte. Und wo auf der Welt das passiert ist, ist eher unerheblich.

Aber wo die Musik groß gemacht wurde, das ist überliefert. In Frankfurt natürlich. Andreas Thomalla arbeitete im Plattenladen City-Music in der B-Ebene des Hauptbahnhofes. Er hatte ein Problem: Viele Platten mit elektronischer Musik konnte er nicht in die üblichen Kategorien einsortieren. Es ging dabei aber um Platten, die eine bestimmte Sorte von Käufern haben wollte. Also war klar: »Da muss eine neue Kategorie her, da habe ich dann einfach überlegt und ›Techno‹ draufgeschrieben.« Die griffige Bezeichnung machte die Runde, sodass bald neue Kunden in den Laden kamen, die nach dem Techno-Fach fragten.

Also startete Andreas Thomalla unter seinem Künstlernamen Talla 2XLC – den Namen hatte er aus der Bezeichnung von Leerkassetten abgeleitet – auch gleich noch den Techno-Club. Einmal die Woche in der Steinwegpassage, wo heute nur noch Nobelboutiquen sind.

So kam die Welt an die Bezeichnung Techno, und DJ Talla 2XLC wurde ein weltberühmter Botschafter dieser Musik. Er selbst wurde von der Stadt Frankfurt mit der Ehrenplakette ausgezeichnet.

GRUND NR. 28

Weil Shantel in Frankfurt den Bucovina-Sound erfunden hat

Illegale Clubs, die eine ganz eigene Subkultur bedienen – gibt es so etwas in der Bankenstadt Frankfurt? Doofe Frage, wir kennen ja Shantel und den Bucovina Club. Traditionelle Balkanklänge, mal gemixt mit tanzbaren House-Beats, mal aber einfach nur so gut abgemischt, dass die rohe Energie der Traditionsmusik ausreicht, um heutige Tanzflächen zum Kochen zu bringen.

Das hat der Frankfurter DJ und Musiker Stefan Hantel alias Shantel erreicht. Mit *Disko Partizani* hat er 2007 einen Tanzflächen-Hit geschaffen, der tatsächlich Kulturen verbindet. Der Song läuft in Underground-Clubs von New York, wird aber auch in Istanbul gespielt, genauso wie in Serbien oder in Kroatien. Und in Russland hat der Superstar Philipp Kirkorov den Song auf die großen Showbühnen des Landes gebracht. Auch in Kinofilmen von Fatih Akin hören wir heute Musik von Shantel, genauso auch im Welterfolg *Borat*.

Begonnen hat das alles in einem illegalen Club im Frankfurter Bahnhofsviertel, Kaiserstraße 74, dritter Stock. Von hier blickt man auf den sogenannten »Kaisersack«. Das ist das Endstück einer der berüchtigtsten Straßen des Drogenhandels. Tagsüber wird hier alles vercheckt, was süchtig macht, und auch nachts lungern verdächtige Gestalten herum. Die Polizei beobachtet nur noch – wenn sie überhaupt da ist. Hier gibt es eine Sprachschule und die hat eine kleine Kantine. Eigentlich ist das nur ein größeres Wohnzimmer mit Parkettboden in einem Gründerzeithaus. Hier stiegen in den Neunzigerjahren die interessantesten Partys der Stadt. Alle 14 Tage, immer samstags, war »Lissania Essay« angesagt. Auch ich war einer der DJs, die hier auflegen durften. Das war in der Frankfurter Szene eine Art Ritterschlag. Das Honorar war mickrig, aber die Reputation riesig. Die Stimmung: herrlich. Nur wenn unten im Kaisersack Polizeiwagen patrouillierten, wurde es oben heiß, weil wir DJs dann die Fenster schließen mussten.

Hier entstand Shantels Bucovina-Sound, der unserer damaligen Meinung nach die besten Seiten Frankfurts symbolisierte: House-Beats (das war uns wichtig), dazu Musik ohne Scheuklappen. Die oft falsch verstandene Volksmusik lernten wir über Punkbands kennen, die erstaunlicherweise am ehesten Musik der Oberkrainer und ähnlicher Landstriche adaptierten.

Stefan Hantel, der Macher des Lissania Essay, reiste immer wieder nach Osteuropa. Er folgte einer Spur im Stammbaum seiner Familie in die Bukowina, jenes Gebiet, das heute in der Ukraine und in Rumänien liegt und das schon jahrhundertelang von unterschiedlichsten Völkern besiedelt war. Die Bukowina gilt vielen, die die europäische Einigung positiv vorantreiben wollen, als Keimzelle des friedlichen Zusammenlebens. Hier gab es einen funktionierenden Schmelztiegel – bis die Nazis ihr unmenschliches Werk auch dort verrichteten.

Aber auch heute findet man viele interessante Spuren in der Bukowina. Shantel fand sie zunächst auf Flohmärkten von Czernowitz und anderen Ortschaften, wo er Musikkassetten kaufte. Die setzte er einfach im illegalen Club im Frankfurter Kaisersack ein – und die

Tanzfläche brodelte. Mal mit elektronischen Beats gemixt, mal ganz ohne. Seiner Genialität ist es zu verdanken, dass die Welt diesen Sound entdeckt hat. Shantel tourt heute zehn bis elf Monate im Jahr durch ganz Europa, mal mit seiner Band namens Bucovina Club Orkestar, mal nur mit Plattenkoffer als DJ. Alkohol und Drogen konsumiert er überhaupt nicht, auf den Bühnen explodiert er aber regelmäßig. Er wohnt mit Frau und zwei Kindern in Frankfurt, direkt in der City.

Als ich einmal mit Shantel im Beachclub Plagenick in Odessa rumstehe, bekomme ich eine Lektion, wie man die Welt zusammenbringt. Stefan Hantel kommt gerade nach einem seiner elektrisierenden DJ-Sets von der Bühne, und ich erlebe, wie ihn seine Anhänger sehen. Ein Fan – wie ich später folgere, aus Serbien stammend – kommt auf ihn zu, umarmt ihn, bedankt sich und fragt dann im Gespräch: »Wo in Serbien wohnst du eigentlich?« Für den Serben ist es klar, dass Shantel einer der Seinen ist. Genau wie es für einen Juden aus der Bukowina klar ist, dass er mit ihm eine gemeinsame Historie haben muss. Das ist gelebtes Mitteleuropa, friedlicher Schmelztiegel, der über die Musik geschaffen wird. Shantels Bucovina-Sound ist mittlerweile so anerkannt, dass seine Fans überall auf der Welt gar nicht mehr wissen, woher er eigentlich kommt.

Und angefangen hat alles im illegalen Club im Frankfurter Bahnhofsviertel. Die Location ist übrigens gerade mal 500 Meter von den Bankentürmen der Stadt entfernt …

GRUND NR. 29

Weil Hans Romanov immer eine Idee hat

Wer nach Frankfurt kommt und unkonventionelles Stadtleben sucht, muss diesen Namen kennen: Hans Romanov. Ihn einfach nur »Gastronom« zu nennen, wäre zu kurz gegriffen. »Kristallisationspunkt der Szene« wäre wohl treffender. Aber das klingt ja irgendwie schwammig.

Am besten beschreibt man den schlanken Mann mit Schiebermütze, tiefer Stimme und immer ernster Miene über seine Läden. Die Bezeichnung Läden bietet sich hier an, weil Hans Romanovs Projekte immer viele Funktionen vereinen: tagsüber Café oder einfach Ort des Zusammenkommens, abends Bar, Veranstaltungsort für Lesungen, Mini-Konzerte oder dergleichen und nachts Club.

»Der Hans« – wie er sich selbst nennt – okkupiert dafür immer Orte, auf die zuvor niemand ein Auge geworfen hat. Er renoviert nur das Nötigste, was dazu führt, dass diese Läden den Charme besetzter Häuser haben. Zuletzt war es ein heruntergekommenes Hausboot auf dem Main. Er nannte das Ganze einfach Yachtklub. Das »k« war so ein Markenzeichen. Wer den Yachtklub unkorrekt mit »c« schrieb, outete sich als jemand, der nicht genau Bescheid weiß. Romanov erweist sich eben immer wieder als Marketing-Genie der Underground-Kultur.

Aber was heißt in der Banken- und Businessstadt eigentlich Underground? Ist es eine Gegenkultur zu den Nadelstreiflern in den Hochhaustürmen? Eigentlich nicht. Im Gegenteil, viele Banker werfen sich nach der Arbeit in ein altes T-Shirt und stehen in der Romanov-Location mit einer Flasche Bier in der Hand und fühlen sich wieder wie Menschen. Und das ist auch okay.

»Frankfurt ist okay«, damit provozierte »der Hans« vor einigen Jahren die Szene. Frankfurt fühlt sich ja immer in der Weltklasse beheimatet, und dass der Liebling der Clubkultur plötzlich sagt, die Stadt sei lediglich okay, kam fast einer Beleidigung gleich. Aber damals hatte er gerade Stress mit Vermietern und Behörden und war deshalb etwas negativ eingestellt. Außerdem ist der Hans sowieso kein überschäumender Euphoriker. Eher einer der sprichwörtlichen Pessimisten, der immer sagen würde, er sei ja nur Realist.

Hans Romanov heißt eigentlich ganz anders (so genau weiß das niemand), und er kommt ursprünglich aus der deutschen Hauptstadt. Manchmal wird auch gesagt, Romanov bringe ein »Berliner Szenegefühl« nach Frankfurt, aber nach rund 20 Jahren erfolgreicher Gastro-Aktivitäten fast nur in Frankfurt sollte man endlich einmal einsehen, dass der Hans ein Frankfurt-Phänomen ist.

Nachdem der Yachtklub Geschichte war, wollte Hans Romanov einen alten Industriekran im Hafengebiet mieten und damit das Nightlife Frankfurts umgraben. Kies und Schotter hatte dieser Kran ständig gefördert, und die Inhaber wollten sich das Werkzeug wohl versilbern lassen. »2.000 Euro Miete pro Tag« wollten die haben, verrät Hans. Der ist stinksauer, kolportiert diese Summe mal schnell auf Facebook und tritt sein neues Projekt wieder in die Tonne.

Aber ein Romanov bleibt nicht lange ohne neue Party-Location. Monatelang munkelte man in der Partyszene und »der Hans« bestätigte das auch auf direkte Nachfrage, er sei an der ehemaligen Oberfinanzdirektion dran. Das wäre ein Coup gewesen – ein ehemals wichtiges Gebäude der Geldwirtschaft in der Hand der Subkultur. Tanzen und trinken, wo früher nackte Zahlen regierten und die Macht zu Hause war. Aber das wurde erst mal nichts. Ende 2013 übernahm Romanov dafür eine kleine Bar in der Innenstadt, die jahrelang Anlaufpunkt der Gay-Szene gewesen war (ehemals Café Liliput, dann Le Bar, jetzt Neglected Grassland). Partykönig Hans Romanov bleibt halt nie lange ohne feste Bleibe, man weiß aber nie, wie lange er dort bleibt. In jedem Fall sollte sich ein durchreisender Frankfurt-Besucher oder ein Neuankömmling, der unkonventionelles Nightlife sucht, einfach mal erkundigen: »Was macht der Hans eigentlich zurzeit?« Die Frage zeugt von Kompetenz und könnte einen an eine abgefahrene Location führen.

Weil das Frankfurter Nachtleben Jobs möglich macht, die es anderswo nicht gibt

Meine gute Freundin Bea, sie hat jetzt schon – obwohl sie noch gar nicht so lange im Erwerbsleben steht – drei Karrieren gemacht. Und zwei davon sind Jobs, die es in anderen Städten einfach nicht gibt. Und das alles hat gar nichts mit dem Bankensektor zu tun, nein, wir sprechen hier von den Kreativ-Berufen, die in Frankfurt tatsächlich zu einem Einkommen verhelfen, mit dem man leben kann. Anderswo führen solche Lebenswege oft ins Prekariat, inklusive endloser Aneinanderreihung von Praktika, und damit zu sehr viel Frust.

Jobs im kreativen Bereich haben etwas in Frankfurt. Die Agenturszene der Stadt ist nicht so snobistisch und auf Großkonzerne ausgerichtet wie in Düsseldorf, sie ist aber auch nicht so konfus und selbstausbeuterisch, wie das wohl in Berlin der Fall ist. Kurz: Frankfurts Kreative können davon leben.

Eben genau wie Bea. Bevor ich sie kannte, war sie bei Douglas Parfümfachverkäuferin. Ihre Kompetenz, aber ganz besonders ihre Energie und ihr Organisationstalent brachten sie recht schnell an die Spitze ihrer Abteilung. Aber der Job reichte ihr nicht. Immer nur zwischen Schwämmchen, Pulvern und Zerstäubern die Kundinnen beraten und nebenbei den Klatsch und Tratsch der Kolleginnen ertragen war ihr nicht genug. Wobei: Den Klatsch und Tratsch zu ertragen, das hat Bea schon Spaß gemacht.

Also bewarb sie sich auf eine Ausschreibung für eine neue Party-Postille – ein monatliches Magazin für junge Leute, kombiniert mit einem Online-Portal. Das klang spannend, es hatte als Signalfarbe Pink (das gefällt Bea), und der Online-Aspekt versprach, Teil der Zukunft zu sein. Außerdem ging es im neuen Job darum, ein Team von idealistischen Partyfotografen zusammenzustellen und sie zu managen. Das kann Bea besonders gut.

Überhaupt Partys! Das ist ihre Welt. Sie geht sehr gern auf Partys, tanzte damals nächtelang zu Technobeats. Sie gehörte einerseits voll zur Szene, andererseits war sie etwas außen vor. Zum einen, weil sie keine Drogen und praktisch keinen Alkohol zu sich nahm. Zum anderen, weil sie schon verheiratet war. Ihr Mann gehört auch zu den sogenannten Partypeople.

Eine gesunde Mischung also: dazugehören, ohne von der Szene komplett aufgesogen zu werden. *Pur* heißt das Magazin, und Bea managte recht schnell die coole Community, hatte viel Spaß daran, von Partys zu berichten. Journalismus war das zwar nicht wirklich, es ging dabei eher darum, tolle Partys zu feiern, schlechte wurden verschwiegen. Wer will nicht cool und erfolgreich sein?

So erfolgreich, dass sie von Envy, einer der coolsten Agenturen der Party- und Eventszene, abgeworben wurde. Jetzt, in ihrer dritten Karriere, war sie also echte Party-Promoterin und managte die besten Partys im legendären Cocoon Club von Sven Väth. Und weil Frankfurt kein Spielplatz ist, sondern ein professioneller Arbeitsplatz, kann sie davon auch prima leben und sich sogar ein Hobby leisten: Bea rettet Hunde. So oft wie möglich fliegt sie nach Spanien, hilft dort in Tierheimen, wo aufgegriffene herrenlose Hunde aufgepäppelt werden, und nimmt sie im Flugzeug per Freigepäck mit nach Deutschland, wo sie dann weitervermittelt werden.

Und im neuen Job bei Envy ist sie mittlerweile die rechte Hand des Agenturgründers Andrej Munivrana und damit quasi die Chefin von Ex-Rap-Star Sabrina Setlur, die dort als kreative Mode- und Menschenexpertin arbeitet. Damit leistet diese Agentur auch einen Spagat, der seinesgleichen sucht. Einerseits sind sie sehr verwurzelt in der Clubszene, haben ein prima Feeling für die Dancefloor-Trends. Anderseits sind die Envy-People (sie nennen sich »Envy MyPeople«) auch bei etablierten Institutionen akzeptiert. Wenn zum Beispiel der internationale Hotel-Entrepreneur Rocco Forte Hof hält und zum Auftakt der großen Tourismusmesse IMEX Schampus sprudeln lässt und edle Weine auffährt, dann mischt er die attraktiven und äußerst kommunikativen Envy MyPeople gern unter sein Hotelpersonal. Ausgewählt und gecoacht von meiner guten Freundin Bea und Sabrina Setlur.

Vom Parfümtresen über das Partyportal zur Eventbranche – und das alles nicht im Hobbymodus, sondern indem man ganz ordentlich Geld verdient. In Frankfurt klappt das, weil hier die richtige Dosis Beweglichkeit in den Köpfen vorhanden ist.

Die Kleinmarkthalle:
Von der Wurst bis zum Brunello,
von der Grünen Soße bis zum Safran

Kapitel 4

GUTEN APPETIT, ABER BITTE MIT KONTROVERSE

Frankfurt isst gerne, debattiert aber auch über Kulinarisches

GRUND NR. 31

Weil Restaurants hier scharf kritisiert werden

Was macht eine ganz normale Stadt zu einer Gourmet-Stadt? Klar, das sind dann wohl tolle Restaurants. Aber wie schafft es eine Stadt, tolle Restaurants zu bekommen? Und was ist überhaupt eine »gute Restaurant-Kultur«? Gilt dabei die Anzahl der Sterne-Restaurants? Oder gibt es noch ganz andere Kriterien?

Allein zwölf Restaurants in Frankfurt und Umgebung sind vom Guide *Michelin* mit Sternen ausgezeichnet worden. Die Villa Merton in Bockenheim sogar mit zwei Sternen. Der sehr junge Chefkoch Matthias Schmidt hat sie sich mit einer ganz strengen Ausrichtung auf lokale Produkte und Neuinterpretation heimischer Gerichte erkocht. Echt lecker.

Aber auch viele Restaurants, die nicht in das Raster der französischen Oberwächter über die Kochtöpfe passen, gibt es hier. Das Zenzakan oder Mon Ami Maxi sind solche Beispiele. Internationale Gäste bestätigen immer wieder, dass diese Restaurants ohne Weiteres auch in New York, London oder wo auch immer die dortige Gastro-Landschaft bereichern würden.

Um es bündig zu formulieren: Frankfurt ist heute eine tolle Gastronomie-Stadt, dem wird jeder zustimmen, der sich damit ein wenig befasst hat. Ursachen dafür gibt es sicher viele, und es gibt sehr interessante Theorien.

Da ist zum einen die Limes-These. Sie besagt, dass überall, wo die alten Römer seinerzeit sesshaft waren, auch heute noch gehobene Restaurants zu Hause sind. Der Limes war damals die befestigte Grenze, die quasi quer durchs heutige Deutschland ging, wobei sie nach Westen auch immer weiter nördlich führte. Der Taunus, nördlich von Frankfurt, war Teil des Limes, und auch Köln lag innerhalb des Walls. Ein Freund sagt mir immer: »Innerhalb des Limes, da isst man einfach gut, und zwar überall.« Und es hat ja auch etwas

Wahres: Man kann in Süddeutschland fast überall in einen Dorfgasthof einkehren und ein prima essbares gutbürgerliches Gericht bekommen. In nordischen Gefilden ist das nicht immer gegeben. Und in Metropolen wie Frankfurt führt jede Kneipe gut essbare Gerichte, wohingegen man in Lübeck, Berlin oder auch in Nordhessen bei Kassel fast schon froh sein muss, wenn zum Bier ein Chili con Carne aus der Dose gereicht wird!

Dann gibt es natürlich auch noch die Wein-These: »Überall, wo Wein in großem Maß konsumiert wird, gibt es auch gutes Essen.« Mal abgesehen davon, dass es zum Beispiel in Köln – in meinen Augen auch eine kulinarische Stadt – hauptsächlich Bier gibt, wäre dazu anzumerken, dass Frankfurt eher eine Apfelweinstadt ist (obwohl die Stadt Frankfurt ja bis heute auf einem eigenen Weinberg Riesling anbaut). Auch könnte man sagen, dass die Römer ja den Weinbau in unsere Regionen gebracht haben. Damit wären die Limes-These und die Wein-These Teile derselben Argumentation.

Problem: Neuere Forschungen haben ergeben, dass der Limes gar nicht so eine starre Grenze war, zumindest nicht sehr lange, sodass die Zeit gar nicht ausreichen konnte, um eine so starke kulturelle Verwurzelung zu generieren.

Okay, die Geschichte bringt uns also auf der Suche nach der Keimzelle des Genießertums in Frankfurt nicht weiter. Des Rätsels Lösung ist die Debatte. Ja, genau, in Frankfurt hat sich in den vergangenen zwei Jahrzehnten eine echte Diskussionskultur über das gute Essen etabliert. Und zwar auf allen Ebenen. Und schuld daran – im positiven Sinne – ist eine Publikation. Es ist der Gastro-Führer *Frankfurt geht aus!*. In den jährlich erscheinenden Heften werden die Sterne-Restaurants in derselben Gewichtung getestet und besprochen wie die gutbürgerliche Kneipe.

Ich selbst teste in jedem Jahr auch einige Restaurants für diese Publikation und weiß demnach, wie so ein Test abzulaufen hat: Es geht um das »normale« Restaurant-Erlebnis. Nicht wie ein Experte, sondern wie ein gewöhnlicher Gast soll getestet werden. Seit mehr als 20 Jahren gibt es diesen Gastro-Führer schon, und die hier praktizierte Art des Tests hat sich mittlerweile auf andere Publikationen ausgewirkt. So hat jede lokale Publikation in Frankfurt, die etwas auf sich hält, mittlerweile eine Gastro-Rubrik oder zumindest kompetente Schreiber, die regelmäßig professionell testessen.

Es geht also darum, dass viele Leute drüber reden! Als Mario Lohninger Anfang des Jahrtausends noch in New York kochte, wollte ein Frankfurter den berühmten Österreicher in seine Heimatstadt locken. Star-DJ Sven Väth hatte die Vision, einen Techno-Tanztempel mit einem herausragenden Restaurant zu kombinieren.

Väth flog nach New York, im Gepäck eine Ausgabe des aktuellen *Frankfurt geht aus!*. Das Heft knallte er im Restaurant Danube in Manhattan auf den Tisch und sagte zum gefeierten Kochstar Mario Lohninger: »Lies dir das durch, du wirst sehen, in Frankfurt wird über gute Küche debattiert.« Ein Schauspieler braucht den Applaus, ein Fußballspieler braucht die Fans, die mit ihm in den Torjubel einstimmen, und ein kreativer Koch ist genauso gestrickt. Er liebt es, wenn über seine Kunst geredet, ja gestritten wird. So hat sich Lohninger überzeugen lassen, nach Frankfurt zu gehen. »Eine kompetente Besprechung im *Frankfurt geht aus!* ist mir wichtiger als ein Michelin-Stern«, sagte er mir bei unserer ersten Begegnung.

Heute hat er beides. Zwar betreibt er nicht mehr die beiden Restaurants Silk und Micro in Sven Väths Cocoon Club – Techno-Club im Außenbezirk und innovative Küche haben eben betriebswirtschaftlich doch nicht so gut zusammengepasst. Aber Mario Lohninger kocht mit Stern im Lohninger und auch anderswo und wird ständig durch alle möglichen Kritiken angestachelt.

Köche in Frankfurt sind die Lieblinge der Stadt, sie sind Stars. Und Kneipen, in denen man nichts Gutes essen kann, können eigentlich gleich wieder zumachen. Das ist die Gastro-Szene Frankfurts, und sie hat sich über eine Debatten-Kultur entwickelt. Ist das nicht toll?

GRUND NR. 32

Weil die Grüne Soße ein eigenes Festival hat und Debatten auslöst

Bierernst über Schnittlauch diskutieren, über Dill lästern oder gleich den Weltklimarat anrufen, nur weil die Kräuter nicht rechtzeitig reif sind – das können nur Frankfurter. Denn die Frankfurter Grüne Soße ist ein Heiligtum. Man beachte: Ich schreibe nicht, die Grüne Soße sei Kult – das wäre zu profan. Es handelt sich wahrlich um den umkämpften Zankapfel der Kulinarität in Frankfurt.

Dabei ist die Grüne Soße doch eigentlich nur eine kalte Kräutersoße, die frisch hergestellt sein sollte, sieben Kräuter beinhaltet und am besten zu gekochtem Tafelspitz, Eiern und Pellkartoffeln passt. Borretsch, Kerbel, Kresse, Petersilie, Pimpernelle, Sauerampfer und Schnittlauch gehören in eine ordentliche »Grie Soß'«, wie der Frankfurter sagt. Wie genau man dann die klein gehackten Kräuter anmacht, ob mit Joghurt, saurer Sahne, Mayonnaise (ganz schwieriges Thema!), mit sauren Gurken, Zitrone, mit oder ohne Knoblauch, das alles sind die Themen, die die Welt des Frankfurters bewegen.

Angeblich war das sogar die Leibspeise Goethes, was neuere Forschungen aber schon widerlegt haben sollen. Egal. Frankfurt hat ein Denkmal für seine Spezialität (sieben symbolische Gewächshäuser in Oberrad) und alljährlich ein Event: das Grüne Soße Festival.

Im Mai, wenn die ersten Kräuter aus heimischer Landwirtschaft erhältlich sein sollten, steigt auf dem Roßmarkt in der City ein achttägiges Festival. Hier wird der Frankfurter echt zum Zahlenfetischisten. Weil sieben Kräuter in die Soße gehören, steht die Sieben über allem: Im Festzelt stehen an jedem Abend sieben Soßen von einheimischen Gastronomen auf dem Tisch. Moderator Anton LeGoff (eigentlich die Kunstfigur der Frankfurter Schauspielerin Maya Wolff) zählt als Zeremonienmeister den Countdown am Ende des Votings von der Zahl Sieben herunter.

Die sieben Abendsieger müssen am achten Tag noch einmal antreten, wenn der Grüne-Soße-Gesamtsieger gekürt wird. Wer jetzt findet, das Ganze sei doch ziemlich seltsam und bestimmt nur ein Privatvergnügen vereinzelter Hobbyköche, liegt falsch. In Frankfurt nimmt man das nämlich sehr ernst. Das Grußwort hält der Wirtschaftsdezernent, und im ausverkauften Saal sind an jedem Abend rund 500 zahlende Gäste. Und das bei Preisen von 38 bis 58 Euro pro Ticket. Getränke, Pellkartoffeln, Eier und Grüne-Soßen-Probegläser sind im Eintrittspreis inbegriffen.

Das ist also eine große Sache, und wer einmal an den langen Tischen gesessen hat, wird beeindruckt sein. Nur auf den ersten Blick wirkt das wie ein Volksfest. Klar, auf der Bühne gibt es auch ein Show- und Musikprogramm. Neben dem eitlen Macho-Showmoderator Anton LeGoff macht Hilde aus Bornheim als ganz normale und sinnliche Hausfrau Stimmung. Aber im Saal spricht man ganz ernsthaft über die eigenen Küchenerfahrungen in puncto Grüne Soße.

Zu hören sind dann diese typischen »Hör mir uff«-Sätze Frankfurter Prägung (hochdeutsch »Hör mir doch auf mit …«): »Hör mir uff mit Mayonnaise!« – »Hör mir uff mit de Küchenmaschin', gehäckselt werd' mit dem Messer!« – »Hör mir uff mit so Faxe wie Apfel oder Zimt in de Soß'«. Der Frankfurter hat eine klare Vorstellung von seiner Grünen Soße. Und selbst ich muss zugeben, dass ich am Tisch im Festivalzelt immer mal wieder eine wertvolle Anregung bekomme.

Einen besonders schweren Stand haben bei der Blindverkostung im Saal Gastronomen, die zu innovativ sein wollen. Da entdeckt der Frankfurter plötzlich Apfelstückchen in der Soße, das stößt ihm schwer auf. Oder ein Hardcore-Fan, der nach eigener Aussage sogar Besitzer einer Festival-Dauerkarte ist, stürmt auf die Bühne und echauffiert sich, er habe bei einer Soße doch tatsächlich Minze herausgeschmeckt. Buuhhh, der Saal tobt. Auf seinem T-Shirt prangt ein Spruch, der seine Einstellung kundtut: »Kill Dill«, damit ist eigentlich alles gesagt. Frankfurter als Kräuterfetischisten.

Weil die Frankfurter mit dem Camembert seltsam umgehen

Der Frankfurter ist ja weltoffen. Oder zumindest ist der Frankfurter immer bemüht, weltoffen zu sein. Das war schon immer so, auch zu Napoleons Zeiten. Der französische Kaiser hat ja seinerzeit Frankfurt erobert und die Stadtmauern geschleift. Es scheint, dass die Frankfurter gar nicht so traurig darüber waren: Hauptsache unabhängig von Berlin, war damals schon die Devise.

Als Napoleon mit seinem Heer in Frankfurt ankam, brachte er unter anderem die französische Esskultur mit. Wir Frankfurter passen uns gern an, eben weil wir weltoffen sind. Doch was dieser Camembert ist, das wussten unsere Vorfahren nicht so genau. Wie damit umgehen? Vielleicht wie mit dem Handkäs'? Einem Harzer Käse, der als »Handkäs' mit Musik« populär ist? Dazu wird das ganze Käsestück mit Essig, Öl, Zwiebel und Kümmel angemacht.

Den Camembert raspelten die Frankfurter des frühen 19. Jahrhunderts kurzerhand klein. Dann wurde er auch mit Essig und Öl angemacht. Den Frankfurtern schmeckte das, und auch heute ist dieses Gericht auf der Speisekarte so ziemlich jeder Apfelweinwirtschaft. Es heißt »Schneegestöber«, und es schmeckt eindeutig besser, als man denkt, wenn man nur erklärt bekommt, wie es hergestellt wird.

Eigentlich ist es dem »Obatzda« in Bayern ganz ähnlich. Und in der Tat wird in der heutigen Traditions-Gastronomie das Frankfurter Schneegestöber auch genau wie das bayerische Pendant als Frischkäsezubereitung angeboten. Das steht auf der Karte dann aber ausdrücklich dabei. Also, Frankfurt-Anfänger sollten zuerst mal das Original ausprobieren und erst dann – falls es ihnen zu streng schmeckt – auf die Frischkäse-Variante ausweichen.

GRUND NR. 34

Weil Helmut Kohl und Kai Pflaume dieselbe Lieblingskneipe hatten

Es sind diese lustigen kleinen Anekdoten, mit denen man als Frankfurter Wetten gewinnen kann. Man kann zum Beispiel jemanden fragen, welche dieser drei Persönlichkeiten in Frankfurt zu ihrer wilden Zeit dieselbe Stammkneipe hatten: TV-Moderator Kai Pflaume, Dichter Johann Wolfgang von Goethe, Altkanzler Helmut Kohl.

Dass hier Schönling Pflaume und Einheitskanzler Kohl gemeint sind, überrascht so ziemlich alle Zugezogenen. Dass die angesprochene Kneipe der Apfelwein Wagner in Sachsenhausen ist, überrascht dann weniger. Eine schwere Holzeinrichtung und Kellner, die fleißig umherwirbeln – so muss eine Traditionskneipe aussehen.

Als Helmut Kohl in den Fünfzigerjahren sein Studium in Frankfurt begann, kehrte er regelmäßig in die Gaststätte in der Schweizer Straße ein. Und auch als Kanzler blieb er der Familie Wagner treu. Sogar direkt vor einer Wahlkampfrede auf dem Frankfurter Römerberg chillte der Politiker auf den alten Holzbänken seiner Lieblingskneipe.

Und Kai Pflaume war im Wagner Stammgast an Sonntagabenden. Der heutige TV-Mann lebte in Frankfurt und arbeitete als Börsenmakler, bevor der Manager von Günther Jauch Pflaumes Moderationstalent entdeckte. Und der Sonntag im Wagner war damals der Single- und Kuppelabend. Allerdings nur für eine bestimmte Gruppe von schönen Menschen. Es war eine Gruppe von Frankfurtern, die alle gerade damit begonnen hatten, die Karriereleiter zu erklimmen.

Ich darf hier kurz anmerken, dass ich in dieser Zeit in einer Wohngemeinschaft mit einer Frau lebte, die ebenfalls Stammgast im Apfelwein Wagner war. Eines Morgens traf ich ihren neuen Freund am Küchentisch und war gar nicht überrascht, dass er aussah, als wäre er der Bruder von Kai Pflaume. Der Apfelwein Wagner ist also ein Treffpunkt der Schicken und Schönen, die auch mal einen Schoppen trinken möchten.

Aber wohlfühlen kann sich jeder im gemütlichen Gastraum des im Jahre 1902 erbauten Gebäudes in der Schweizer Straße 71. Die Familie Wagner hat hier seit 1931 ihren Fichtenkranz aufgehängt. Der geflochtene Kranz ist das traditionelle Zeichen, dass Apfelwein ausgeschenkt wird. Früher passierte es oft, dass der gute Schoppen irgendwann im Sommer ausging und die durstigen Frankfurter bis Dezember warten mussten, bis der neue Apfelwein gekeltert war. War das »Stöffsche« aus oder hatten die Betreiber zu viel in der Landwirtschaft zu tun, wurde der Kranz abgehängt und der Laden war damit geschlossen.

Besonders interessant ist, wie die Familie Wagner heute miteinander umgeht. Die Nachfolger des legendären Adolf Wagner sollen nämlich hoffnungslos zerstritten sein. Im Wechsel bewirtschaften die beiden Vettern Ralf Wagner und Harald Rudorf heute die Gaststätte. Alle drei Wochen wechselt der Chef. Während Küchenpersonal und Kellner immer dieselben sind, ist der Wirt ein anderer. Der Gast soll zwar nicht so sehr viel davon merken, aber für die Angestellten ist es jedes Mal eine echte Umstellung. Sie müssen die internen Abläufe jeweils ihrem Chef anpassen.

So etwas gibt es wohl nur in einer Traditionswirtschaft. Und vielleicht gibt es so etwas auch nur in Frankfurt.

GRUND NR. 35

Weil wir die Kleinmarkthalle haben und uns oft über sie aufregen

Frankfurt hat einen Gaumen. Und der heißt Kleinmarkthalle. Zwischen Hasengasse und Liebfrauenberg liegt dieses Schatzkästlein der

Gourmetküche, das der Frankfurt-Dichter Friedrich Stoltze so beschrieb: »Gemieß, Kardoffel und was noch all, des kriecht mer hier in dere Hall. Und owwe uff der Galerie, da möpselts nach Fromaasch de Brie.« Kulinarisch und weltoffen, so mag der Frankfurter seine Halle.

Wer schon einmal in der verzweifelten Lage war, am Samstagmittag für ein Rezept Zucchiniblüten oder frische Lorbeerblätter zu brauchen, der wird die Dienste der gut 150 Verkaufsstände nie vergessen. 1.500 Quadratmeter voller Köstlichkeiten. Als Hobbykoch hier durch die Gänge zu wandeln, sich von einem Duft zum nächsten weitertragen zu lassen, das ist echt ein Erlebnis. Oder auf der Empore eine Reihe Extra-vergine-Olivenöle zu verkosten. Auch sehr gut: sich am Käsestand von »Thomas« beraten zu lassen, wie man Pesto Genovese am besten so zubereitet, dass man es sogar einfrieren kann.

Aber auch für die – sagen wir mal – passiven Genießer ist die Frankfurter Kleinmarkthalle gemacht. Neu-Frankfurtern raten wir immer, sich erst einmal samstags zur Mittagszeit in die lange Schlange am Rindswurst-Stand einzureihen. Sie werden bestimmt ins Gespräch mit Ihren Mit-Wartenden kommen! Wenn Sie Glück haben und an einen alten Frankfurter geraten, werden Sie alles über die Unterschiede der Rindswürste erfahren. Diese Warteschlange ist sicher die bunteste der Stadt – vom Programmdirektor des Hessischen Rundfunks bis zum Hartz-IV-Empfänger können Sie hier jeden treffen.

Da überrascht es wenig, dass alle Veränderungen in der Kleinmarkthalle ein Politikum sind. Das fängt bei den Öffnungszeiten an. Hier ist nichts von kundenfreundlicher Liberalisierung zu spüren: Um 18 Uhr wird die Halle dichtgemacht. Samstags ist mittlerweile wenigstens bis 16 Uhr geöffnet.

Ich erinnere mich noch sehr gut an einen aufgeregten Anruf eines bekannten Lebenskünstlers und Bloggers. Stefan Veith ist in Frankfurt auch bekannt als Aktivist der Schwulenbewegung, also per definitionem eigentlich kein Konservativer. Manchmal kann er sogar etwas sehr ideologisch wirken und in seinen Forderungen übers Ziel hinausschießen. Aber er hat eine ganz bodenständige Leidenschaft, und die heißt Kleinmarkthalle. »Die machen die Halle kaputt«, verkündet er hektisch am Telefon.

»Wie soll das denn gehen?«, frage ich.

»Jetzt übernehmen die Yuppies endgültig unsere Kleinmarkthalle«, wird Veith immer apokalyptischer, »sie bauen jetzt spanische Türme dahin, man kann die ganze Wand nicht mehr sehen!«

Und das alles geschehe auf Kosten eines alteingesessenen Gemüsestandes, dem gekündigt wurde, damit irgendein Unternehmer eine Tapas-Bar mit Riesentürmen aufbauen kann.

So wie mir der Aktivist das alles schildert, muss es sich bestimmt um einen ganz schlimmen Kapitalisten handeln, male ich mir aus. Oder gar um ein multinationales Unternehmen wie Exxon oder dergleichen, das jetzt einen Pflock ins Herz des Frankfurterischen stoßen möchte.

Zugegeben, als echter Frankfurter finde ich, dass eine reine Tapas-Bar nicht wirklich in die Kleinmarkthalle passt. Und Hochhaustürme in der Halle, die die Architektur verändern, möchte ich dort auch nicht sehen. So zog ich gleich am folgenden Tag (der Anruf kam nach 18 Uhr) in die Kleinmarkthalle zur Inspektion. Die »spanischen Türme« erwiesen sich als gar nicht so hohe Begrenzungen des Standes. Was die Höhe betraf, hatte der Anrufer maßlos übertrieben. Mit spanischen und vor allem mediterranen Spezialitäten ist der Stand gar nicht so uninteressant. Und Tapas gibt es auch, aber nur zusätzlich zum Sortiment.

Und dafür hat der Anrufer mich hierher gescheucht? Er hatte sogar eine Unterschriftenaktion gegen den neuen Betreiber angekündigt. Ein Sturm im Wasserglas, würde der Frankfurter sagen. Aber das symbolisiert die endlosen Diskussionen um die Halle, die längst ein Politikum geworden ist. Die seit Langem fällige Komplettsanierung scheitert in den stadtpolitischen Sphären immer wieder an den Widerständen der Traditionalisten.

Egal, ich war gar nicht sauer, dass ich mal wieder einfach so – ohne zeitlichen Druck – in die Kleinmarkthalle gekommen war. Denn ziellos schlendern macht hier auch wahnsinnig viel Spaß.

GRUND NR. 36

Weil die Best Worscht nichts mit Frankfurter Würstchen zu tun hat

Ist es nicht lustig, dass ein großer Teil der Welt Frankfurt wegen eines Würstchens kennt, das in Frankfurt selbst aber gar nicht so populär ist? Wer als einzigen englischen Satz nur beherrscht »One Frankfurter, please«, der wird zum Beispiel in New York rund um den Central Park nicht verhungern.

Das Frankfurter Würstchen ist eine geräucherte Brühwurst aus reinem Schweinefleisch, die in heißem, nicht kochendem Wasser warm gemacht wird. Die Amerikaner lieben das Würstchen, es passt für sie perfekt zum laschen Brötchen und bildet somit einen Hotdog, den man in Manhattan tatsächlich an fast jeder Ecke von Straßenhändlern kaufen kann.

In Frankfurt ist es bestimmt schwieriger, ein Frankfurter Würstchen zu bekommen, als in New York. Echte Frankfurter merken auch an, dass die Wurst heute gar nicht mehr in Frankfurt produziert wird, sondern meist in Neu-Isenburg, einer kleinen, Fluglärmgeplagten Stadt südlich von Frankfurt.

Dennoch liebt der Frankfurter seine Würste. Neben der Bratwurst-Schlange in der Kleinmarkthalle stehen Unmengen von Frankfurtern auch gern bei Lars Obendorfer und seinem Stand an. Im Grüneburgweg betreibt der Hüne mit wenig Haar eine Imbissbude, die absoluter Kult ist. »Best Worscht in Town« ist der programmatische Name. Hier steht der Banker neben Musikproduzent Moses Pelham in der Schlange.

Die »Bratworscht« oder »Rindsworscht« kostet mit Senf 2,60 Euro und die »Curryworscht« drei Euro. Ein Frankfurter Würstchen findet man gar nicht auf der Karte. Die braucht Lars Obendorfer auch gar nicht. Seit drei Generationen versorgt seine Familie die Frankfurter mit den Würsten, die hier gegessen werden. Lars' Vater hat an seinem Snack Point schon Joschka Fischer und dessen Kumpel Johnny Klinke satt gemacht. Heute hat Obendorfer ein kleines Worscht-Imperium: Vier Geschäfte betreibt er in Frankfurt und im Umland auch einige.

Aber auch die andere Wurst-Dynastie ist nicht für Frankfurter Würstchen bekannt: Gref Völsing ist heute praktisch Synonym für eine gute Rindswurst. Die Eheleute Karl Gref und seine Frau Wilhelmine Völsing gründeten an ihrem Hochzeitstag 1894 ihre Metzgerei. Die Rindswurst war eigentlich nur für die jüdische Kundschaft bestimmt, weil deren Essensvorschriften ja Schweinefleisch verbieten.

Davon ahnt man heute wenig, die Metzgerei, die in der Hanauer Landstraße ansässig ist, soll 1.000 Würstchen pro Tag verkaufen. Frankfurter können also auch ganz ohne Frankfurter Würstchen leben.

GRUND NR. 37

Weil der Friedberger Markt erkämpftes Bürgerrecht ist

Die schönsten Partys sind ja die spontanen Feiern. Das wissen wir alle. Schade ist dabei nur, dass viele Menschen es dann gar nicht mitbekommen, dass gefeiert wird, weil spontane Partys eben nicht in Funk, Presse und Facebook angekündigt werden. Frankfurt hat das anders geregelt. Im Sommer gibt es jeden Freitagabend eine »Spontanparty«, und man weiß auch wo: immer auf dem Friedberger Platz im Stadtteil Nordend.

Hier stehen und sitzen bis zu 2.000 Frankfurterinnen und Frankfurter auf einem Platz rum, es wird gelacht, geredet und getrunken. Die Getränke bringt man mit oder holt sie sich aus umliegenden Kiosken. So eine laue Sommernacht in der City ist echt schön. Eine außergewöhnliche Erfahrung für Gäste, die von kundigen Frankfurtern hierhergeführt werden.

Der dort ansässige freitägliche Wochenmarkt schließt eigentlich gegen 20 Uhr. Es hat sich aber eingebürgert, dass ab dem Nachmittag immer mehr Menschen kommen, die gar keinen Käse vom Bauern oder Bioschinken kaufen wollen, sondern einfach nur bei einer Flasche Bier (oder mehreren) das Wochenende einläuten. Die stehen dann viel länger als bis Marktende auf dem Platz.

Nun ist spontanes Rumstehen auf einem Platz – auch in Verbindung mit Alkoholkonsum – nicht verboten. Es ist ein Bürgerrecht. Aber im Sommer 2011 eskalierte die Lage. Freitagabend für Freitagabend waren Tausende von Rumstehern auf dem Platz. Und wo getrunken wird, muss auch mal eine Toilette aufgesucht werden. Da die aber nicht vorhanden war, wurden die Vorgärten der Anwohner in Mitleidenschaft gezogen, auch die Lärmbelästigung nahm unheimliche Züge an.

Es kam, wie es kommen musste: Wir hatten tatsächlich Polizeieinsätze gegen Leute, die einfach nur auf dem Platz rumstehen wollten. Der zuständige Dezernent, ein zackiger Bundeswehr-Mann, hatte nichts mit Deeskalation am Hut und verfügte Dreierlei: harte Polizeikontrollen, Bußgelder gegen Pinkler und Verlegung des Marktes auf den Mittwoch.

Nun war dem Großteil der Rumsteher der Markt aber sowieso egal gewesen. Jetzt stand man also immer noch freitags rum, ganz ohne Markt, auch egal. Und der politische Arm der Rumsteher (langsam konnten wir von einer emanzipatorischen Bewegung reden) machte Druck auf die Stadtregierung.

Stuttgart hat seinen Wutbürger, der sich gegen den neuen Bahnhof auflehnt, der Frankfurter rebelliert anders. Er trinkt seinen

Schoppen und steht rum. Nach kurzem, aber heftigem Kampf in den Institutionen wurde der Markt wieder auf Freitag verlegt, das nachträgliche Rumstehen aber auf eine Zeit bis 22 Uhr beschränkt. Und die Umsetzung ist nun echt ein Beispiel von Effizienz. Ab ungefähr halb zehn beginnen offizielle Helfer, die Rumsteher anzusprechen und ihnen zu erklären, dass jetzt ausgetrunken wird. Ein Bienenvolk von Partybeendern tut allwöchentlich sein Werk.

Das funktioniert ganz gut, gegen 22.15 Uhr ist der Platz geräumt, Die Kehrmaschinen machen sauber. Die Rumsteher zerstreuen sich auf umliegende Plätze oder in die vielen Kneipen in der Nähe und sind insgeheim aber auch froh, dass sie zum Rumsitzer mutieren können. Ist ja auch entspannter.

GRUND NR. 38

Weil der Gastronom des Jahres die Presse scheut

Es gibt ein Phantom in Frankfurt. Wer gut essen möchte, sollte dieses Phantom kennen. Zumindest vom Namen her, denn Fotos wird man von Christian Mook nur ganz schwer finden.

Die Mook Group, wie er sein kleines Gastro-Imperium ganz ohne Understatement nennt, betreibt vier der exklusivsten Restaurants in der Frankfurter Banker-Gegend Westend. Das M-Steakhouse (klassisches US-inspiriertes Steakhaus), Surf'n Turf (Steaks und noch ein bisschen mehr), den Ivory Club (Steaks und indische Küche, also »kolonialistisch inspiriert«), das Zenzakan (Steaks und das Allerbeste aus der asiatischen Küche, zum Beispiel sehr kreatives Sushi) und neuerdings auch ein französisches Restaurant namens Mon Amie Maxie.

Gemeinsam haben alle Restaurants, dass sie sehr teuer sind, aber eine Klientel anziehen, die für ein perfektes Dinner auch gern einen hohen Preis zahlt. Vielleicht hilft in manchen Fällen ja die Spesenabteilung einer Bank?! Wenn wir hier über den Preis lästern, dann spielt es dem Gastronomen sogar noch in die Karten. Ich habe einmal von Dreharbeiten für einen TV-Sender erfahren, wo genau das rauskam. Der Ivory Club war damals noch brandneu, brauchte also noch Publicity.

Eine Gruppe von Designern und Models wurde dort beim Abendessen für einen TV-Beitrag gefilmt und interviewt. Dafür war das Essen gratis, aber es gab eine Bedingung: Die Gäste sollten bitte schön in die Kamera sagen, das Essen sei toll, aber sehr, sehr teuer. Tja, so funktioniert Frankfurt an manchen Orten: Man will allen sagen, dass es teuer ist, gewisse Leute denken dann automatisch, dass es auch gut sein muss. Oder man will einem Geschäftspartner, den man einlädt, klarmachen, dass das eigene Business super läuft und man sich alles leisten kann.

Allen, die nun aber nur noch den Kopf schütteln und Frankfurt total seltsam finden, sei aber auch gesagt, dass ein hoher Preis für das Essen in diesen fünf Restaurants absolut gerechtfertigt ist. Lediglich die Weine sind vielleicht zu teuer, das Essen ist seinen Preis wert. Besonders das Fleisch. Christian Mook erzählt immer (wenn man ihn denn mal vor sich hat), wie er seinen Emissär nach Nebraska schickt, der dort vor Ort die Rinder und später im Schlachthof die Rinderhälften aussucht. Die werden nach Deutschland verschickt und vor Ort gealtert. Es ist das »Aging-Verfahren«, das erst in der vergangenen Dekade in Deutschland bekannt wurde.

Fleisch wird dabei nicht einfach abgehangen, wie das sonst üblich ist, sondern man lässt es regelrecht verschimmeln. Etliche Wochen an der Luft (»dry aging«) oder deutlich weniger Zeit mit Frischhaltefolie umhüllt (»wet aging«). Das Fleisch ist dann schimmlig, eklig anzusehen, aber nur die äußere Schicht. Diese wird großzügig abgeschnitten, was zurückbleibt, ist das Rindfleisch, das nun aber mit völlig ungiftigen Sporen durchzogen ist. Dadurch ist es sensationell zart.

Mook und seine Partner haben dieses Verfahren in Frankfurt optimiert, und um seine Fleisch-Kunst herum hat er eine Traumwelt des Kulinarischen erschaffen. Die renommierte Busche Verlagsgesellschaft kürte ihn im *Schlemmer Atlas* sogar zum »Gastronom des Jahres 2013«, was Mook in seinem E-Mail-Verteiler auch gleich allen Freunden und Kunden erzählte.

Nur ein Foto fehlte in der Mitteilung, obwohl es ja eine persönliche Ehrung war. Man stelle sich vor: Ein Gastronom in München oder in der Hauptstadt würde einen solchen Pokal mit nach Hause nehmen, er würde in jedem Regionalblatt mit der Urkunde posieren. Mook aber bleibt unsichtbar und tüftelt an weiteren Expansionen seiner »Group«.

GRUND NR. 39

Weil der Frankfurter gern selbst kocht

Frankfurt geht wieder zur Schule. In die Kochschule. Und zwar in fast jeder Altersgruppe hat sich dieser Trend festgesetzt. Es ist wieder hip, daheim zu kochen, aber leider sind viele Rezepte und Küchentricks über die Jahrzehnte verloren gegangen.

Auch haben viele Frankfurter mittlerweile eine ganz tolle Designerküche zu Hause. Dann stehen sie darin, ein Glas Prosecco in der Hand, und grübeln, was man mit all den Geräten eigentlich anfängt. Also meldet man sich bei der Genussakademie an. Das ist eindeutig mehr als die gute alte Kochschule. Mittlerweile gibt es sogar vier solcher Küchen im ganzen Stadtgebiet und daneben etliche Nachahmer-Institutionen, die auch ihren Zweck erfüllen.

Angefangen hat der Trend zur kulinarischen Schulung aber mit der Genussakademie direkt auf der »Freßgass«, der noblen Fußgängermeile in der Innenstadt. Irgendwann hatten nämlich die Starköche Frankfurts, die der jüngeren Generation angehörten, verstanden, dass ein toller Küchenchef heutzutage seine Rezepte und speziellen Tricks nicht als Geheimnis bewahren sollte. Im Gegenteil: Wenn ein Koch einem Stammgast mal im Rahmen eines Kurses zeigt, wie es wirklich geht, dann wird dieser Gast sehen, wie viel Arbeit in der Gourmet-Küche wirklich verrichtet wird, und beim nächsten Besuch eine hohe Rechnung viel lieber begleichen.

Außerdem nimmt der Koch für den Kurs ja auch noch eine Gebühr. Solche Kurse gab es jahrelang jeweils an den Ruhetagen der Restaurants, wenn dort die Küche normalerweise kalt blieb. Organisiert wurde das Ganze über die City Card und das Stadtmagazin *Journal Frankfurt*. Meist waren die Kurse restlos ausgebucht, sodass es sich lohnte, eine ganz neue Institution zu schaffen. Die Genussakademie war geboren.

Und jetzt gibt es so unterschiedliche Kurse wie »Frankfurts kleine Schmankerl«, »Absolute Beginners – In fünf Schritten zum Hobbykoch«, »Aromatisches Doppel – Food & Whisky« oder ein »Backstage-Special« vom Spitzenkoch Thomas Haus im Goldman-Restaurant.

Wir werden vielleicht mal in ein paar Jahren bei den Frankfurtern privat vorbeischauen und inspizieren, ob sie zu Hause tatsächlich besser kochen als früher. In jedem Fall macht das Besuchen der Kochschule extrem viel Spaß.

GRUND NR. 40

Weil der Ebbelwei-Expreß besser ist als sein Ruf

Keine Angst vor dem Ebbelwei-Expreß! Es wirkt total seltsam, in diese bunte, alte Straßenbahn einzusteigen. Aber wer sich erst einmal darauf einlässt, der wird dieses Feeling genießen. Und es ist ein einzigartiges Erlebnis.

Samstags, sonntags und an Feiertagen verkehrt die lustige Tram in der Innenstadt. Man kauft beim Schaffner (ja, den gibt es noch!) ein Ticket (circa sieben Euro für Erwachsene, drei für Kinder). Im

Preis inbegriffen sind ein Fläschchen Apfelwein, Apfelsaft oder Wasser und eine Tüte Brezeln. Und natürlich eine Stadtrundfahrt durch die historische City. Vom Zoo geht es am Römerberg vorbei, durchs Bahnhofsviertel und dann Richtung Messe. Hier sieht man also den Messeturm – viele halten ihn für das schönste Hochhaus Frankfurts – und davor die Statue »Hammering Man«. Dann geht's zurück zum Bahnhof und nach Sachsenhausen, durch ein Waldstück sogar bis an die Grenze von Neu-Isenburg. Gut, dass Sie so lange durchgehalten haben, hier gibt es nämlich eine Toilette im Bahnhof!

Also, jeder Frankfurter hüpft ganz sicher mit auswärtigem Besuch mal auf den Ebbelwei-Expreß. Und dann erinnert er sich wieder daran, wie schön es sein kann, auf diese Traditionsfahrt zu gehen. Die Bänke sind zwar hart und es schaukelt und rumpelt ganz schön. Aber für eine Stunde – so lange dauert die Rundfahrt – hält man das aus. Danach sollte man natürlich frankfurterisch weitermachen und in ein Lokal in Alt-Sachsenhausen einkehren.

Beliebtestes Fotomotiv ist übrigens an der Europäischen Zentralbank: der Ebbelwei-Expreß vor dem Euro-Logo. Fragen Sie ruhig den Schaffner, ob der Fahrer dort etwas länger halten kann, damit Sie hier ein Bild machen können. Oder Sie wählen diese Station als Ein- und Ausstiegspunkt.

Frankfurter streben nach oben – sieht man doch!

Kapitel 5

WIR SIND DIE NUMMER EINS

Überraschende und offensichtliche Spitzenleistungen Frankfurts

GRUND NR. 41

Weil Frankfurt die höchsten und schönsten Hochhäuser hat

Es gibt viele dumme Legenden über die Frankfurter Skyline. Eine lautet, dass die Hochhäuser in Frankfurt umstritten seien. Völliger Quatsch. Frankfurter mögen ihre Skyline. Dass es eine Zeit gab, in der der Bau der Büro-Kolosse sogar umkämpft war – der sogenannte Häuserkampf, in dem Joschka Fischer kräftig mitmischte –, ändert nichts daran. Damals, in den Siebzigerjahren, ging es weniger gegen hohe Häuser, sondern gegen den Abriss alter, schöner Bausubstanz.

Heute sind sogar viele Betonköpfe von damals froh, dass es Widerstand gab und im Stadtteil Westend auch noch viele Gründerzeitwohnhäuser übrig geblieben sind. Quasi ein Treppenwitz der Häuserkampf-Geschichte ist es, dass von Spontis damals geschützte Häuser später luxussaniert wurden und heute den Bankern und Spekulanten als hochherrschaftliche Privatwohnungen dienen. Zum Beispiel das letzte besetzte Haus im Frankfurter Westend in der Siesmayerstraße 6 ist heute das opulente Gästehaus der Deutschen Bank. Der langjährige Aufsichtsrat Hilmar Kopper residierte hier mit seiner Gattin Brigitte Seebacher-Brandt. Von 1971 bis 1986 war das Gründerzeitgebäude in Palmengartennähe okkupiert, und die Besetzer erreichten, dass das Gebäude unter Denkmalschutz gestellt wurde.

Angeblich zahlte die Bank den letzten Besetzern sogar eine hohe Abfindung für deren Auszug. Das ist ein Gerücht, das man nicht verifizieren kann. Als ich einmal eine der mir bekannten Besetzerinnen bei meinem Friseur traf, fragte ich sie danach. Sonst superredselig, blieb sie aber stumm. Na ja, in Frankfurt gibt es viele Möglichkeiten, reich zu werden.

Man kann es so auf den Punkt bringen: Der Bau der Hochhäuser war umstritten, die Hochhäuser aber nicht. Was aber auch nicht stimmt, ist, dass jeder Frankfurter wie aus der Pistole geschossen alle Skyscraper mit Namen und der jeweiligen Bauhöhe aufsagen kann. Nein, die Skyline ist da, und wer aus seinem Wohnzimmer einen schönen Blick darauf hat, ist stolz und erzählt es auf Partys, aber sonst geht man normal damit um.

Selbst welches der Häuser das höchste ist, wissen die meisten Frankfurter nicht so genau. Es ist das Commerzbank-Hochhaus mit 259 Metern und 56 Stockwerken. Mit Antenne misst das von Sir Norman Foster erbaute Haus sogar 300 Meter. Und Frankfurt kann wirklich froh sein, dass der britische Stararchitekt hierfür engagiert wurde. Das Gebäude sieht von Weitem toll aus, und von Nahem wirkt es auch sehr gut in die lokalen Fassaden eingepasst. Ob es wirklich so ökologisch in Ordnung ist, wie es während der Bauphase propagiert wurde, sei mal dahingestellt. Jedenfalls hat es einige Etagen mit Grünzeug aufzuweisen.

Auch die Nummer zwei, der Messeturm, hat das gewisse Etwas, er gilt als ganz und gar amerikanisches Gebäude. Das liegt an seinen klaren Proportionen. Man sagt, so ein Gebäude könnte auch in New York stehen.

Da die meisten Hochhäuser im Westen der Frankfurter Innenstadt zu finden sind, hat man den besten Blick darauf immer aus einer östlichen Richtung. Hier bieten sich die Brücken an, wie die Flößerbrücke, die Ignatz-Bubis-Brücke oder die Alte Brücke. Besonders in der Dämmerung ist das ein Erlebnis.

Das gilt auch für die Honsellbrücke. Im Volksmund hat sich auch die Bezeichnung »Andreas-Türck-Brücke« eingebürgert, weil die tragische Begegnung, die zur Falschanklage des TV-Moderators geführt hat, hier quasi zum Höhepunkt kam. Vor dem Umbau der Brücke war das eben ein romantischer Geheimtipp der jungen Frankfurter, mal sehen, wie das nach der Eröffnung der neuen Brücke ist.

Und hier noch ein paar Tipps für das ultimative Skyline-Erlebnis: In unregelmäßigen Abständen gibt es ein Hochhaus-Festival – meist im Rhythmus von zwei oder drei Jahren. Man muss sich frühzeitig um Tickets kümmern, die allerdings kostenlos sind. Und dann darf man die Häuser von innen besichtigen.

Von außen gibt es ganz tolle Perspektiven von der Besucherterrasse des Kaufhauses Galeria Kaufhof an der Hauptwache aus. Oder – etwas hochpreisiger – von der Bar des Hotels Fleming's Deluxe am Eschenheimer Tor. In beiden Fällen ist man sehr nah an der Skyline, aber weit genug weg, um viele der Häuser im Blickwinkel zu haben. Eine wahre Wand tut sich vor den Augen auf, und man ist irgendwie überwältigt. Und das alte EZB-Hochhaus am Willy-Brandt-Platz sollte man einmal aus der Richtung des Euro-Zeichens anschauen – hier wirkt es wie ein breites, opulentes Gebäude. Und ein andermal sollte man es von Sachsenhausen, vom Anfang der Schweizer Straße aus, anschauen. Dasselbe Haus wirkt jetzt schlank und schmal, ein architektonisches Schmankerl.

GRUND NR. 42

Weil Frankfurts Lebensqualität top ist

Mindestens zweimal im Jahr erscheinen Studien zur Lebensqualität der Großstädte in aller Welt. Und die werden dann in den Frankfurter Zeitungen ausgiebig zitiert. Im Rest Deutschlands scheinen sie ignoriert zu werden. Frankfurt ist immer ganz weit vorn. Das sollte allen Lästermäulern mal zu denken geben. Aber vielleicht gibt es hier ja auch eine riesengroße Verschwörung? Vielleicht kaufen sich die Banken ja die Studien, um ihre Mitarbeiter scheinzufrieden zu machen?

So hat die Firma Marsh & McLennan eine Untersuchung vorgelegt, wonach Frankfurt in Sachen Lebensqualität den siebten Platz weltweit belegt, gleichauf mit München. Nur das etwas feinere Düsseldorf belegte Platz sechs. Und das ist jetzt nur ein Beispiel einer Studie, die Frankfurt lobt.

Immer wird hervorgehoben, dass man in Frankfurt recht gesund leben könne. Auch die Sicherheit sei sehr hoch, wobei sich das natürlich eher auf den internationalen Vergleich bezieht. Gehen Sie mal in der Innenstadt von Chicago, Neu Delhi oder von L.A. spazieren! Und im Vergleich zu so kleinen Paradiesen wie Zürich ist es in Frankfurt immer noch recht günstig.

Außerdem funktionieren Flughafen, Hauptbahnhof und sonstige Einrichtungen weitgehend störungsfrei. Und auch die Naherholung ist völlig intakt. Zwar gibt es keine wunderhübschen Seen wie in der Umgebung von Berlin oder München, aber der Rheingau, der Taunus oder der Odenwald sind auch nicht schlecht.

Doch eine gewisse Skepsis bleibt. Sind wir wirklich so toll? Und deshalb hat die Stadt Frankfurt selbst einmal eine Umfrage in Auftrag gegeben. Ergebnis: 84 Prozent der Frankfurter wohnen gern in ihrer Stadt. Nur etwa jeder Achte würde lieber in einer anderen Gemeinde leben. Allgemein unzufrieden sind nur circa sechs Prozent.

Das alles sind natürlich nur Zahlen. Richtig aussagekräftig sind Einschätzungen von tatsächlichen Menschen. Kai O. zum Beispiel, ein eingefleischter Norddeutscher, der vor einigen Jahren zurück in seine Heimat Hannover gegangen ist. Er hat drei Jahre am Main in einem Medienhaus gearbeitet, und seit er weg ist, kommt er ständig wieder zurück. »Ach, in Frankfurt ist wirklich was los, wollen wir einen Apfelwein trinken gehen?« Das sagt er immer, wenn er wieder einmal in der Stadt ankommt.

Je mehr wir darüber nachdenken, umso weniger glauben wir, dass wir wirklich so ein schlechtes Image haben.

GRUND NR. 43

Weil in Frankfurt auch das Klima top ist

Frankfurt ist warm. Zumindest wärmer als die anderen Metropolen Deutschlands. Das ist historisch so, und im Zuge der Klimaerwärmung steigen die Temperaturen sogar noch weiter.

Eine Bahnfahrt Anfang Mai von Frankfurt nach Hamburg ist dabei aufschlussreich. Wer die Blätter an den vorbeirauschenden Bäumen beobachtet, erkennt, dass die Vegetation im Rhein-Main-Gebiet schon viel weiter ist als höher im Norden. Und der größte Sprung kommt gleich, wenn man aus Frankfurt losgefahren ist. Das liegt am Taunus. Das Mittelgebirge ist ein Wetterriegel, der unsere Stadt nach Norden abschirmt. Ganz so wie die Alpen Italien vor den kalten Nordwinden schützen, macht es der Taunus mit uns.

Frankfurt liegt am Ende der Oberrheinischen Tiefebene. Das ist die Verlängerung der Bergstraße. Diese Ebene öffnet sich nach Südosten, bildet also eine Art Trichter für lebensspendendes Sonnenlicht. Damit lebt es sich gut. Im langjährigen Mittel von 1961 bis 1990, das Wissenschaftler anschauen, wenn sie eine Aussage treffen wollen, weist Frankfurt eine Durchschnittstemperatur über das gesamte Jahr von 9,7 Grad auf. Berlin hat 8,9, München 7,6 und Hamburg 9 Grad. Mittlerweile sind diese Werte sogar noch gestiegen. Die Stadt Frankfurt gibt die Durchschnittstemperatur des Jahres 2011 mit 11,4 Grad Celsius an.

Und es gibt sogar Meteorologen, die meinen, nachweisen zu können, dass es in Frankfurt weniger regnet als anderswo. Als leidenschaftlicher Radfahrer kann ich das nur empirisch bestätigen. In meiner langjährigen Praxis musste ich eigentlich nie länger als eine halbe Stunde warten, bis der Regen vorbei war. Frankfurt ist also auch Radler-freundlich, weil Petrus das Wasser nie sehr lang aufdreht.

GRUND NR. 44

Weil Frankfurt sogar größer ist, als die Fakten sagen

Der Frankfurter nennt seine Stadt ja immer gern »kleinste Großstadt der Welt«. Und ein wenig Stolz wirkt dabei mit. Der Frankfurter interpretiert »klein« in diesem Fall nicht als provinziell, sondern als klein und fein und konzentriert. So wie ein Austernhändler ganz besonders stolz ist, wenn die Austern möglichst klein sind. Da ist mehr Geschmack drin, sagt man.

Frankfurt ist ja auch gar keine Millionenstadt, es ist noch gar nicht lange her, dass sie die Marke von 700.000 Einwohnern übersprungen hat. Sie wirkt aber wie eine richtige Metropole. Das liegt vor allem daran, dass Frankfurt tagsüber tatsächlich eine Millionenstadt ist. Zu den 700.000 Frankfurtern kommen nämlich noch mehr als 300.000 Pendler. Arbeitsplätze im Stadtgebiet gibt es laut offizieller Statistik mehr als 620.000. Damit ist Frankfurt in Deutschland die Stadt mit der höchsten Arbeitsplatzdichte.

Das bewohnte Stadtgebiet ist übrigens ungefähr so groß wie das von Paris, wo gut 2,2 Millionen Menschen leben. Wir alle wissen ja, dass in Paris die Wohnhäuser viel mehr Stockwerke haben und dass die Wohnungen auch deutlich kleiner sind als bei uns. Daher kommt die größere Dichte. Offiziell ist die Fläche Frankfurts sogar doppelt so groß wie die von Paris. Das liegt aber an den Waldflächen, die im Süden Frankfurts auf dem Stadtgebiet liegen.

Ja genau, hier kommen wir nämlich zum nächsten Superlativ. Frankfurt hat den größten Stadtwald der Republik. Warum sagen denn dann viele Leute, dass Frankfurt nicht grün genug sei? Keine Ahnung, aber wahrscheinlich liegt es daran, dass andere Städte mehr grüne Parkanlagen haben, Frankfurt hat sein Grün konzentriert, rund um den Flughafen und im Norden.

Ein Versäumnis müssen die heutigen Frankfurter den Regierenden der Vergangenheit allerdings vorwerfen: Während andere

Großstädte fleißig alles um sich herum eingemeindet haben, geschah das in Frankfurt nur zaghaft. Was Größe und Entfernung zur Stadt angeht, gibt es zum Beispiel zwischen dem eingemeindeten Hamburg-Harburg und der Stadt Offenbach wenig Unterschied. Aber Offenbach krebst immer noch im Osten Frankfurts allein rum. Vielleicht ist das ja auch ein Sonderfall, schließlich besteht eine veritable Feindschaft zwischen den beiden Städten, und eigentlich kann sich niemand vorstellen, dass »F« und »OF« jemals zusammengelegt werden könnten.

Aber so ein Städtchen wie Eschborn, das wäre ein Kandidat gewesen. Es profitiert heute, weil offiziell selbstständig, von Frankfurts Wirtschaftskraft. Mithilfe einer Stadtautobahn von Frankfurt wirbt die dortige Verwaltung munter Firmen ab. So hat die Deutsche Bank ganz viele Büros in Eschborn, was rechtfertigt, dass ein großer Teil des Konzerngewinns dort verbucht wird. Und weil in Eschborn die Gewerbesteuer deutlich niedriger ist, rechnet sich das für die Controller der Bank hervorragend.

Sogar die Deutsche Börse hat ihren Sitz in Eschborn. Das alte Gebäude in der Frankfurter City ist quasi nur noch ein TV-Studio, eine reine Show-Veranstaltung. Die Abrechnungen, die Verbuchungen der Geschäfte, die meist online ablaufen, finden allesamt in Eschborn statt. Und man spart Steuern. Komisch, dass im Fernsehen nie gesagt wird: »Wir betrachten nun die Zahlen von der Eschborner Börse!«

Und das kleine Städtchen zwischen Taunus und Frankfurt kann vor Finanzkraft kaum laufen. Kitaplätze sind für Einwohner kostenfrei, ja, sogar Klassikkonzerte werden bei freiem Eintritt angeboten. Eigentlich können wir sogar behaupten, dass Frankfurt seine eigene Steueroase herangezüchtet hat. Ob das alles damit zusammenhängt, dass der frühere Ministerpräsident Roland Koch in Eschborn wohnt, kann man nicht so genau sagen.

Mittlerweile leistet die Stadt E. »freiwillig« einen finanziellen Beitrag für Frankfurter Kulturinstitutionen. Weil ja auch Eschborner nicht immer nur in die Kita oder ins Provinzkonzert gehen wollen, sondern auch nach Frankfurt in die Oper oder ins Schauspiel kommen.

Frankfurt hat also viel mehr Potenzial, als die Zahl von 700.000 Einwohnern auszudrücken vermag. Wir sind tatsächlich Metropole. Schade, dass wir das immer betonen müssen.

GRUND NR. 45

Weil Frankfurter das Drehkreuz im Kopf haben

Frankfurt ist Drehkreuz für alles. Ganz besonders in puncto Flughafen natürlich. Das bedeutet für uns Frankfurter hauptsächlich, dass wir praktisch nicht umsteigen müssen, wenn wir mit dem Flugzeug reisen. Direktverbindungen nach überall: Florenz, Ottawa oder Ljubljana – alles erreichbar, ohne den Flieger wechseln oder ein zweites Mal durch eine Sicherheitsschleuse gehen zu müssen.

Der Grund dafür ist das sogenannte Drehkreuz. Deutschlands größte Airline, die Lufthansa, benutzt den Frankfurter Flughafen als ihren größten Umsteigebahnhof. Damit haben wir enorm viele Flugverbindungen. Weitere Drehkreuze hat die Lufthansa in München und in Zürich in der Schweiz. Und weil der deutsche Marktführer vor Jahren die Schweizer Swiss Airline gekauft hat, kann Frankfurt auch im Günstigfliegersegment mitfliegen.

Das hat in Frankfurt nämlich ein bisschen gefehlt. Der enorme Boom von Ryanair, Air Berlin und wie sie alle heißen ging an Frankfurt so ziemlich spurlos vorüber. Billigflieger nutzen bekanntlich Flughäfen mit günstigen Gebühren. Der Frankfurter Airport – weil fast immer an der Kapazitätsgrenze agierend – kann damit nicht dienen. Genau genommen ging der Billigflug-Boom an Frankfurt um genau 125 Kilometer vorbei. So weit ist es exakt von Frankfurt zum Flugplatz Hahn im Hunsrück, der neuerdings frecherweise unsere schöne Stadt im Namen trägt.

Es macht kaum Sinn, mehr als anderthalb Stunden mit dem Zug in die Pampa zu zuckeln, um vom ehemaligen Militärflughafen im Nirgendwo abzuheben. Besonders nicht mehr, seit auch Ryanair die Preise angehoben hat und die Einsparung oft gar keine mehr ist. Mittlerweile fährt die Lufthansa-Tochter Swiss eine Billigflugstrategie. Da muss man dann doch umsteigen. Aber das geht in Zürich und ist schweizerisch gediegen, also recht komfortabel, insbesondere muss man nicht ein zweites Mal durch die Metallschleuse.

Aber Frankfurt ist nicht nur im Luftverkehr Drehkreuz, es gibt auch einen Autobahn-Knotenpunkt, das Frankfurter Kreuz. Und im Bahnverkehr gilt das auch. Das führt dazu, dass es zum Beispiel alle 20 bis 30 Minuten eine Verbindung nach Köln gibt. Und dann fährt man mit dem ICE gerade mal eine Stunde. Herrlich! Eine Fahrt zum Dom am Rhein dauert nicht viel länger als eine S-Bahn-Fahrt innerhalb Londons oder Berlins.

Auch der schöne Städtetrip am Wochenende findet per Bahn statt. Wer von Frankfurt nach Paris das Flugzeug nimmt, ist dumm oder macht das zum ersten Mal. Mit dem Flieger reisen bedeutet, mindestens eine Stunde vor Abflug da zu sein, um anderthalb Stunden zu fliegen, ein Taxi im Flughafen Paris-Charles-de-Gaulle zu suchen, um in die Stadt zu fahren – das kann zwei Stunden dauern und 90 Euro kosten. Dann sind wir bei viereinhalb Stunden Reisezeit. Mit dem Zug fährt der Frankfurter genau drei Stunden und 49 Minuten. Und der ICE ist so freundlich, uns mitten in der Stadt am Gare de L'Est rauszulassen. Voilà.

Aber auch andere kleine Paradiese sind recht nah an Frankfurt. Sei es das Elsass – im Prinzip könnte man mit dem Auto zum Abendessen dorthin fahren –, der Rheingau oder der Spessart (bekanntlich gibt es da auch ein Wirtshaus).

Der Begriff Drehkreuz wirkt somit in ganz viele Bereiche hinein, und wir Frankfurter haben es im Kopf und wissen es zu nutzen.

GRUND NR. 46

Weil Frankfurts Prominenz anders ist

Frankfurt ist anders. Anders als Schickimicki-Metropolen wie München, Hamburg oder Düsseldorf. München war in den vergangenen Jahrzehnten die Filmhauptstadt Deutschlands, voll mit Blitzlicht-suchenden Darstellern. Hamburg war immer eine Agenturstadt, voller Hochglanz-Menschen, und Düsseldorf war sowieso die legendäre Hochburg der High Society.

Und das gilt heute natürlich auch noch. Die Luxus-Hausfrau fährt in Düsseldorf mit dem Porsche Cayenne auf die Kö, in Hamburg ziehen die Gewinner der letzten Beförderungswelle der Werbeagenturen ins Schanzenviertel oder ans Wasser, und in München lässt sich das Schauspiel-Sternchen immer noch gern im P1 sehen (saisonweise kommen neue Locations auf die In-Liste). Allen diesen Schickimicki-Hotspots ist gemeinsam, dass die dortigen Protagonisten sehr gern zeigen, welchen Lifestyle sie leben.

Wenn ein Münchener Starlett sein Foto in der Zeitung sieht, dann ist es einfach happy. Solange der Name richtig geschrieben ist, ist es auch egal, ob die dazugehörige Story positiv oder negativ ist. Hauptsache Publicity – das liest unter Umständen ein Filmproduzent beim Frühstücksei und sagt zu seiner Assistentin: »Hey, die sieht gut aus. Die könnte doch mal beim nächsten Dreh mit aufs Traumschiff kommen.« Natürlich findet der Produzent nicht nur das Aussehen attraktiv, er kalkuliert eher, dass sein Werbepotenzial steigt: Die Journalisten vom Boulevard scheinen sich für diese Person zu interessieren, das sollte man zum gegenseitigen Vorteil nutzen.

Auch in der ausgeflippten Agenturszene an der Elbe kommt ein flippiges Foto in einer Publikation sehr gut an. Und da kann es ruhig so strange sein, wie man nur will: »XY – in Flip-Flops auf dem roten Teppich!« oder »Im Urlaub von 17 Hornissen gestochen!«. So etwas liest man gern, es zeigt, dass man unkonventionell ist, aber dennoch gesellschaftliche Anerkennung genießt. In Düsseldorf ist zwar alles etwas distinguierter, aber die Zahnarztgattin hat nichts dagegen, einen Garderoben-Fauxpas kurz vor dem großen Charity-Gala-Auftritt zuzugeben.

In den klassischen Promi-Hauptstädten unserer *Gala*- und *Bunte*-Republik verdienen diese Celebritys mehr Geld, wenn sie in der Zeitung stehen, in Frankfurt ist das Gegenteil der Fall. Wer im Bankenbereich Millionen scheffelt, wäre in allergrößter Gefahr, wenn Klatschgeschichten in der Zeitung stünden. Und das gilt sogar für Meldungen, die durch und durch positiv sind. So heult der eine oder andere Wirtschaftsboss im Freundeskreis schon herum, dass die Presse nur negative Geschichten erzähle. Banker seien doch auch Menschen, und es wäre doch die Aufgabe von Journalisten, das auch einmal zu berücksichtigen.

Das klappt aber nicht, wie wir immer wieder feststellen müssen. So ist zum Beispiel bekannt, dass ein bestimmter früherer Chef einer ganz wichtigen Bank mit Sitz in Frankfurt ein sehr lockerer Typ ist. In der Presse liest man seinen Namen seit ein paar Jahren immer nur, wenn es um Negatives geht. Über all die Jahre wird er als ein Mann dargestellt, der durchtrieben und skrupellos einen Mitstreiter über die Klinge springen lässt und der außerdem völlig abgehoben vom wirklichen Leben ist.

Noch während dieser Top-Manager in Amt und Würden war, erfuhr ich, dass dieser persönlich ganz anders sei als dieses Zerrbild. So wohne er auch nicht wie andere Bankenbosse in einem abgelegenen Taunus-Städtchen, wohl bewacht und mit meterhohen Mauern ums Anwesen – das behauptete zumindest ein Informant. Ja, sogar: Am Wochenende nehme er gern einfach sein Fahrrad aus der Garage und radele nach Neu-Isenburg zur Gaststätte Frankfurter Haus, wo jedermann eine zünftige Mahlzeit und einen hessischen Apfelwein bestens genießen kann.

Oh, toll, dachte ich mir. Allein ein Foto vom gefürchteten Top-Manager und Bankchef auf einem Drahtesel würde super aussehen.

Locker, im T-Shirt oder im Pullover auf dem Weg zur Kneipe, das wäre eine menschliche Geschichte, die mal einen anderen Aspekt dieses Menschen zeigen würde.

In jeder anderen Promi-Stadt wäre ein bekannter Protagonist des städtischen Lebens heilfroh, wenn ein Leute-Journalist mit so einem Anliegen kommt. Doch die offizielle Anfrage bei der Bank wurde brüsk abgelehnt. Naja, wir wissen ja warum, obwohl es einfach nur dumm scheint. Zumindest wäre die Ablehnung dann dumm, wenn die Stoßseufzer wahr wären, dass Banker ihr schlechtes Image nicht mögen. Vielleicht lieben sie es ja, dass die ganze Welt in ihnen nur die skrupellosen Geld-Scheffler sieht. Diese Aura der Gefährlichkeit macht das Arbeiten für sie vielleicht sogar einfacher.

Sollten die Banker wirklich unter dem miesen Image leiden, das sie bei 98 Prozent der Bevölkerung haben, würden sie ja mithilfe ihrer riesigen Presse- und PR-Abteilungen gegensteuern. Darauf können wir Gift nehmen. Der Banker ist gern ein Biest, glauben Sie ihm nicht, wenn er etwas anderes sagt! Schade nur, dass dadurch nicht nur das Banker-Image leidet, sondern auch das von Frankfurt als Stadt.

GRUND NR. 47

Weil Frankfurt aber dennoch immer wieder richtig dekadente Geschichten liefert

Es gibt sie aber doch: die schillernde Gesellschaft, die gern im McLaren-Sportwagen vor dem Restaurant vorfährt und der Rolex ausreichend Frischluft gönnt – damit sie gut gesehen wird. Auf den Terrassen der Stadt duftet es nach Geld und feinem Parfum. Das sind natürlich nicht die wirklichen Wirtschaftslenker, das sind ihre Makler, ihre Berater, vielleicht sind es ja auch ihre Dealer, die in Frankfurt natürlich wie Banker aussehen.

Menschen, die schnell zu Geld gekommen sind, sind oft amüsant anzuschauen. Das weiß auch Ayfer Arslan, Frankfurts unbestrittene Society-Insiderin. Sie besitzt ein großes Studio, in dem jede Frau, die Geld hat, schon einmal war. Hier gibt es das ganz große Beauty-Programm für die Frankfurterin von Welt: Haarverlängerung, Haarglättung, aber auch eine riesige Palette anderer Beauty-Behandlungen. Dazu ganz viele Damenkleider, originelle oder einfach nur praktische, alles zu Preisen, die die Reichen der Stadt als günstig ansehen – also 500 bis 800 Euro. Natürlich geht es auch teurer. Handtaschen der ganz großen Marken gibt es hier ebenfalls, und wenn eine Dame einen Spezialwunsch hat, dann findet Frau Arslan ganz bestimmt einen Weg, ihn zu erfüllen, zum Beispiel, die Super-rare-nur-für-VIPs-zugängliche-Hermès-Tasche ohne Wartezeit zu besorgen. Das ist dann noch ein wenig teurer, natürlich.

Ayfer Arslan hat es einfach drauf. Ein Organisationsgeschick der Sonderklasse, gepaart mit viel Lebenserfahrung. Und vor allem improvisiert sie gern. Neulich war das im Nobelrestaurant Zenzakan aber auch bitter notwendig. Auf dem Weg zur Toilette wird sie von der Kellnerin angesprochen. »Ayfer, Sie müssen uns helfen«, überfällt man sie. »Wie? Hier auf der Toilette?«, fragt sie verdutzt. »Nein, in Ihrer Boutique«, antwortet die Restaurantangestellte.

Puh, es war im Zenzakan, einem Asien-Fusion-Nobelrestaurant, das Frankfurt ein weltstädtisches Flair verleiht, und schon nach Mitternacht. Normalerweise speisen hier die großen Prominenten: die Klitschkos, Thomas Gottschalk oder Depeche Mode nach ihrem Konzert. An diesem Abend brodelte gerade eine der riesigen, doch eher seltenen Partys.

Aber man erlebt ja vieles, auch an seltsamen Orten und zu den unpassendsten Zeiten, weiß Ayfer Arslan. Also hörte sie sich die Geschichte an: Im Restaurant feierte ein Stammkunde im besten Alter, der offenbar gerade auch auf dem Höhepunkt seiner persönlichen Liquidität angelangt war. Er orderte den ganzen Abend eine teure

Flasche nach der anderen, bis einer der Partygäste seiner jungen Freundin ein Getränk über das Kleid goss. Kann es etwas Schlimmeres geben? Für das Model war der Abend gelaufen! »Schatz, wir müssen gehen«, sagte sie rigoros. Aber Mr. Geld amüsierte sich gerade, er wollte noch nicht heim.

Vielleicht wollte er ja auch nur nicht mit einem nörgelnden, schlecht gelaunten Model nach Hause gehen, das wegen seines ruinierten Kleids heulte. Egal. Mittlerweile war der Mann mit dem Geld über die Kellnerin zu Frau Arslan gestoßen und drückte ihr erst einmal einen 500-Euro-Schein in die Hand. »Das ist für Sie, weil Sie mir zuhören«, sagt er. »Über Sie sagt man, dass Sie mir helfen können. Bitte bringen Sie meiner Freundin schnell eines Ihrer Kleider aus dem Laden. Ich bezahle das natürlich. Ich bezahle den vollen Preis, die 500 Euro können Sie behalten, und dann bekommen Sie noch einmal so einen Schein.«

In Fahrt gekommen, erzählt er, dass er sich seit Monaten nicht mehr so toll amüsiert habe und dass er jetzt für kein Geld der Welt die Location verlassen möchte. Wenn seine Freundin ein neues Kleid anhabe, dann sei sie sofort auch wieder in Partylaune. Das wisse er ganz genau.

Okay, Society-Insiderin Ayfer ruft schnell eine ihrer Mitarbeiterinnen zu sich – meist sind die auch in ihrer Freizeit in der Nähe, weil es ihnen Spaß macht, mit der Chefin durch die Nacht zu ziehen. Dem Model wird geholfenn und Ayfer ist so schlau, dem Geldgeber der Neukundin nur den normalen Preis zu berechnen. Das Trinkgeld gibt sie zurück. In den kommenden Wochen wird seine Freundin in ihrem Salon genug Geld ausgeben.

Den 500-Euro-Schein hat der Mann übrigens sofort in eine weitere Flasche aus dem gut sortierten Champagnerschrank investiert. Damit war auch dem Restaurant gedient. Solche Geldgeschichten gibt es auch in Frankfurt.

GRUND NR. 48

Weil Frankfurt die größten Messen hat

Taxifahrer hassen es, weil sie wenig daran verdienen. Die Frankfurter und vor allem die Besucher lieben es: das citynahe Messegelände. Obwohl es das drittgrößte Gelände seiner Art in der Welt ist, befindet es sich doch mitten in der Stadt. Mit dem Fahrrad zur IAA fahren – überhaupt kein Problem. Sogar zu Fuß erreicht man sie vom Hauptbahnhof aus in weniger als zehn Minuten (und damit schneller als mit dem Auto).

Aber die Geschichte der Frankfurter Messe ist viel mehr. Die heutige Weltoffenheit der Stadt ist ganz fest mit der Messe- und Handelstätigkeit verbunden. Schließlich waren Reisen in der Vorzeit nur im Handel oder im Pilgertum üblich. Pilgern hatte Frankfurt noch nie viel zu bieten, aber Geld verdienen konnte man hier immer.

Die Geschichte der Frankfurter Messe reicht lange zurück. Einige Historiker meinen, dass es schon im 11. Jahrhundert am Main so etwas wie eine Messe gab. Verbürgt ist das Messewesen aber erst durch eine Urkunde aus dem Jahr 1240, mit der Kaiser Friedrich II. der Stadt das Messeprivileg verlieh und damit verbunden das freie Geleit für Kaufleute sicherte.

So eine Geschichte prägt natürlich die Stadt, man ist offen für die Handel Treibenden von auswärts, und der Frankfurter hat auch vollstes Verständnis dafür, dass die Gäste dann mal die Sau rauslassen wollen. Das Frankfurter Rotlichtviertel rund um den Bahnhof floriert, wenn Messezeit ist.

Und weil Zeit für Geschäftsleute bekanntlich Geld ist, haben sie auch nicht die Muße, die eher verborgenen schönen Seiten der Stadt kennenzulernen. Dann bleibt man im Hotel und nimmt einen teuren Drink an der Bar. Damit geht eines der tollsten Frankfurter Features auch mit einem echten Imageproblem einher: Denn Frankfurt ist sonst nie so überfüllt wie zu Messezeiten. Wenn Geschäftsleute nur zu diesem Anlass in die Stadt kommen, denken sie natürlich, in Frankfurt seien die Hotelpreise immer extrem hoch. In Wahrheit sind Hotelzimmer während der Messen ungefähr dreimal so teuer wie sonst, wenn man überhaupt ein Zimmer bekommt.

Mit Wilfried T., der einmal im Jahr zur Ambiente kommt, habe ich einmal über diese Situation gesprochen. Er betreibt mit seiner Frau in Münster einen Laden, in dem es Lampen, Geschirr und so weiter gibt. Deshalb muss er immer im Herbst zur weltgrößten Konsumgütermesse Ambiente nach Frankfurt kommen. Seine Eindrücke von der Stadt fasst er so zusammen:

a) In Frankfurt ist alles perfekt organisiert (komischerweise sagt er das so, dass es gar nicht positiv klingt, Gäste aus Berlin finden das sogar noch verwirrender als Wilfried).
b) Das Messegelände ist direkt in der Stadt, folglich ist die Stadt nur Messe, sonst nichts.
c) Alles teuer, alles Nepp.
d) Alles ist hektisch.
e) Auf der Messe kennt er sich aus, in der Stadt überhaupt nicht.

Und weil das alles einer Horrorvorstellung von einer Stadt gleichkommt, würde er nie auf die Idee kommen, privat nach Frankfurt zu reisen. »Schlimm genug ist es, dass ich nächstes Jahr wieder zur Messe muss.« Schade eigentlich. Ich rate ihm, einen Herbstspaziergang am Main zu machen, mal ein Frühstück im Harvey's oder im Café Karin zu nehmen oder einfach mal einige Wochen vorher Theaterkarten fürs English Theatre zu bestellen. »Keine Zeit«, entgegnet er mir.

Dabei öffnen sich mittlerweile viele Messen auch zur Stadt. Während der Musikmesse gibt es höchst interessante Konzerte aller möglichen Couleur. Zur Buchmesse sind die besten Autoren in Frankfurt und viele bestreiten dann auch gleich noch Podiumsdiskussionen oder Lesungen. Und zur Automobilmesse gibt es immer unterhaltsame Aktionen von Greenpeace – die gehören aber gar nicht zum offiziellen Programm …

GRUND NR. 49

Weil Frankfurt das beste Varieté hat

Egalité, Fraternité, Varieté. So haben die Frankfurter Alt-68er um Johnny Klinke das Motto der Französischen Revolution abgeändert. Für sie war es nicht der lange Marsch durch die Institutionen, sondern ein Wechsel ins Kunstfach, sie gründeten den Tigerpalast. Und Johnny hat ihn mit seiner Partnerin Margareta Dillinger und mit Robert Mangold zu einer einzigartigen Adresse gemacht. Hochklassige Kleinkunst, vor allem Akrobatik, aber auch Magie und Gesang, gepaart mit bissigem Kabarett. Das war vor gut 25 Jahren die Vision, und sie haben ihren Plan tatsächlich durchgehalten.

In einem kleinen Saal, der früher ausgerechnet die Frankfurter Sektion der Heilsarmee beherbergt hatte, gründete Klinke diese Institution, die mittlerweile aus der Stadt kaum wegzudenken ist. Und zum Alt-Linken, der ganz früher mal mit roter Fahne über die Zeil gelaufen sein soll, pilgern heute tatsächlich die größten Wirtschaftsunternehmen. Seien es Banken, Autokonzerne oder aber auch der Deutsche Fußball-Bund, sie alle lieben es, ihre Geschäftsveranstaltungen in der Heiligkreuzgasse in Gerichtsnähe abzuhalten.

Tiger gibt es in den Shows heute längst nicht mehr. Manche Frankfurter finden das schade, die meisten stehen aber auf der Seite des Tierschutzes. So wird hier kaum noch kritisiert, dass der Tigerpalast ohne sein Signaltier auskommt. Zumal die Qualität der Akrobatik wirklich seinesgleichen sucht. Als Künstlerische Direktorin fungiert Margareta Dillinger, die auf der ganzen Welt Nachwuchsfestivals der Akrobatik besucht und dann den jungen Künstlern klarmacht, dass sie auch noch in zwei Jahren zum Cirque du Soleil wechseln können und sich jetzt erst einmal einen Namen als Solo-Act aufbauen sollten. Die meisten sind danach sehr dankbar, zumal sie lokale Berühmtheiten in Frankfurt werden.

Die heimlichen Stars der Premieren sind aber die Stadtpolitiker. Die freuen sich jedes Mal, dass sie im Tigerpalast endlich mal hofiert werden. Links im Zuschauerraum befindet sich eine lange Bank, die nennt Johnny seine »Regierungsbank«. Oberbürgermeister, Bürgermeister, Stadträte werden hier platziert, während der Conférence begrüßt und mit Spotlight angeleuchtet. Das ist für die Provinzgrößen schmeichelhaft, und wer weiß, vielleicht hilft es dem Varieté bei der Einreichung der nächsten Baugenehmigung (nur eine reine Mutmaßung, ohne den Hauch eines Beweises).

Ist ja auch egal, denn der Tigerpalast ist eine wahre Perle und ein Kulturgut mitten in der bunten Stadt. Dazu gibt es im Haus auch noch ein sehr feines, Sterne-prämiertes Gourmetrestaurant und eine klassische Bar, die keine Wünsche offen lässt. Und das Ticket ist immer ein gutes Geschenk für Eltern oder andere Menschen, die einem lieb sind und die es ein bisschen aufregend, aber gediegen mögen.

GRUND NR. 50

Weil in Frankfurt das »Gedächtnis der Nation« schlummert

Unser Gedächtnis ist ganz schön groß. Rund 27,8 Millionen Werke schlummern darin. Die Rede ist von der Deutschen Nationalbibliothek. Sie hat zwei Standorte, einen in Leipzig und einen in Frankfurt, womit natürlich die beiden Zentren der deutschen Buchkultur definiert sind. Jedes Buch, das in Deutschland erscheint, muss in zwei Exemplaren bei der Nationalbibliothek abgeliefert werden – eines in Leipzig und eines in Frankfurt in der Adickesallee.

Für den normalen Frankfurter macht es vielleicht keinen großen Unterschied, ob diese sogenannten Pflichtexemplare in Leipzig, Berlin oder gar Buxtehude lagern. Aber irgendwann im Leben braucht man selbst oder ein naher Bekannter beziehungsweise Verwandter mal ein ganz besonderes Werk. Und das findet sich dann in der Präsenzbibliothek.

Aus der Nationalbibliothek darf man nämlich nichts mitnehmen. Man kann die Bücher nur im Lesesaal einsehen. Niemand nimmt etwas weg, was dazu führt, dass tatsächlich nichts wegkommt. Ganz einfach.

Aber die Nationalbibliothek bietet auch kulturellen Austausch. Immer wieder kleine, feine Ausstellungen und recht häufig Lesungen von hochkarätigen Autoren. Jeder Verlag, der der Meinung ist, sein Autor sei eine historische Person, bucht den Saal für die Buchvorstellung. Hans-Dietrich Genscher hat hier schon gesprochen. Und auch Madeleine Albright, die Außenministerin unter Bill Clinton und heutige Freundin Joschka Fischers, steht dann plötzlich im dunkel gepflasterten Hof im Frankfurter Nordend. Und auch *FAZ*-Herausgeber Frank Schirrmacher stellt hier interessante Bücher vor.

Ein Tempel des Buches und gleichzeitig ein demokratisches Haus steht also mitten in Frankfurt. Und jeder, der will, kann es nutzen.

Kapitel 6

»EDEL SEI DER MENSCH«

Frankfurt, die unterschätzte Kulturmetropole

Alte Oper: Hier feiert Schön & Reich

GRUND NR. 51

Weil die Buchmesse das Oktoberfest für Intellektuelle ist

Frankfurt während der Buchmesse ist toll. Natürlich ist Frankfurt auch während der anderen 51 Wochen im Jahr eine großartige Stadt, aber Anfang Oktober wird es bei uns richtig lebendig. Die Buchmesse ist Treffpunkt unterschiedlichster interessanter Menschen, auf dem Messegelände tummeln sich Autoren sämtlicher Genres – und auf dem Buchmarkt gibt es sehr viele Genres! Am Montag vor der Messe verleiht die Branche den Deutschen Buchpreis. Am letzten Tag, am Sonntag, gibt es den Friedenspreis des Deutschen Buchhandels. Der hat sich mittlerweile zu einer Art Warm-up für den Nobelpreis gemausert. Er ist eine der wichtigsten humanistischen Auszeichnungen der Welt.

Sowohl im offiziellen als auch im inoffiziellen Rahmenprogramm der Messe finden sich enorm viele höchst interessante Lesungen, Ausstellungen, Podiumsdiskussionen und Partys. Kurz: Die Buchmesse ist auch bekannt als das Oktoberfest der Intellektuellen.

Während es beim Münchener Oktoberfest darauf ankommt, so viel Alkohol wie möglich in sich hineinzuschütten, geht es bei der größten Buchmesse der Welt darum, so viele kluge Gedanken wie möglich auszutauschen *plus* möglichst viel Alkohol in sich hineinzuschütten. Die Maß Bier gibt es in Frankfurt zwar nicht, diese Funktion wird von der Weinflasche, meist mit Riesling, Spätburgunder oder Ähnlichem gefüllt, ausgeübt.

Es ist wahr, dass die Buchwelt hier sehr hart feiert. Um das zu erleben, muss man gar nicht einen der vielen Empfänge der Verlage besuchen. Bei denen kommt man sowieso nur rein, wenn man eine Einladung hat. Nein, wer feiern will, muss nur an den Abenden der Fachbesuchertage in die Lobby des Hotels Frankfurter Hof gehen. Am gehobenen Kampftrinken sind hier die klügsten Köpfe der Republik und ihre Verleger sowie Agenten beteiligt. Ist ja auch nicht schlimm, einmal im Jahr muss halt mal das Gesellige über das Filigrane siegen.

»Nein, mich werden Sie im Frankfurter Hof nicht treffen«, sagte mir einmal ein Herausgeber einer wichtigen Frankfurter Zeitung. »Da gehen nur Literaturagenten hin, um Geschäfte zu machen, und ich bin kein Agent.« Gesagt hat er das am frühen Abend auf dem Empfang des Aufbau Verlags. Und wen treffe ich dann nachts um halb zwölf im Frankfurter Hof? Genau jenen Agenten-Gegner, im munteren Plausch mit einem Moderator. Sehr angeheitert, die gesamte Gesellschaft. Und der Herr Herausgeber meint auf meine Konfrontation zum vorher Geäußerten: »Nein, das habe ich nie gesagt!« Und er lacht dabei. Mildernde Umstände könnte er vielleicht geltend machen, da er in der Autorenbar des Hotels stand. Streng genommen war er also nicht in der Lobby und wir sollten ihn also nicht einen Lobbyisten nennen.

Aber die Atmosphäre in Frankfurt während der Buchmesse-Tage ist einfach herrlich. Es ist ja gar nicht *die* Buchmesse. Es sind ganz viele Buchmessen. Jeder der 280.000 Gäste oder der 10.000 akkreditierten Journalisten gestaltet sich die tollen Tage, wie er will und wie er es braucht. Und sogar die jungen Fans der Manga-Kultur, die sich gern fantasievoll verkleiden, begehen ihre ganz eigene Buchmesse: Cosplay nennen sie das Verkleiden und Durch-die-Gänge-Laufen. Und sie tun das hauptsächlich in Halle 3.

Wir sollten allerdings nicht vergessen, dass es eigentlich keine Kulturveranstaltung ist. Auf einer Messe geht es ums Geschäft, es sollen Verkaufs-Deals eingefädelt werden. Deshalb ist es also auch gar nicht zu kritisieren, dass man auf der Frankfurter Buchmesse Dieter Bohlen neben Stefan Aust sieht. Dass ein Kochbuch-Promi neben einem Literaturnobelpreisträger steht. Dass ein Bestsellerautor und ein Promisternchen am selben Stand ihre Bücher vorstellen.

Aber die Frankfurter sind einfach stolz darauf, dass die Buchmesse offiziell als die größte kulturelle Veranstaltung der Welt bezeichnet wird. See you in October!

GRUND NR. 52

Weil Max Hollein Städel, Schirn und Liebieghaus managt

Frankfurt ist auf jeder Kulturlandkarte zu finden. London-Tate, das Pariser Centre Pompidou und die Kunsthalle Schirn können durchaus in einem Atemzug genannt werden. Das ist keine Hybris des Autors, das ist ganz und gar Teil der Realität. Und letztendlich hat Frankfurt den Kunstaufschwung einer Person zu verdanken: Max Hollein. Etwas belächelt wurde seine Verpflichtung als Direktor der Schirn Kunsthalle im Jahr 2001, als er gerade mal 32 Jahre alt war. Die Frankfurter Lokalpresse hob eher hervor, dass er »Sohn von …« sei, nämlich der Sohn des Architekten Hans Hollein. Und der habe zwar ein ziemlich gutes Gebäude für das Frankfurter Museum für Moderne Kunst gebaut, das sogar im Volksmund einen Spitznamen bekommen hat (»Tortenstück«), aber als Referenz sei das doch nicht gut genug.

Mal abgesehen davon, dass Max Hollein seine Abstammung nie als Referenz genutzt hat, war diese Reserviertheit auch ziemlich vorschnell. Der Shootingstar der Kunstszene hatte sich nämlich vorzüglich vorbereitet auf das, was man als Chef der Kunsthalle braucht. Das sind hauptsächlich: Bildung und Verbindungen, die er in Wien und New York kräftig ausgebaut hat. Denn tolle Ausstellungen macht man mit tollen Kunstwerken, die man aber nicht alle kaufen kann. Das wäre zu teuer, also werden Werke reihum ausgeliehen. Letztlich muss ein Ausstellungsleiter heute also bei seinen Direktorenkollegen in aller Welt Überzeugungsarbeit leisten, dass deren Werke in einer besonderen Ausstellung ganz besonders strahlen können. Und damit hätten dann alle gewonnen. Charisma, Überzeugungskraft und originelle Ideen braucht es also.

So organisierte Hollein mit seinem Team eine sagenhafte Ausstellung über und mit Julian Schnabel, die erst den neuerlichen Hype in der Kunstszene um das New Yorker Malerei- und Filmschwergewicht neu entfachte. Oder erst vor Kurzem eine Edvard-Munch-Ausstellung, zu der sogar die norwegische Prinzessin Mette-Marit nach Frankfurt kam. Aber auch Yoko Ono brachte er in die Schirn. Und so mausert sich die Kunsthalle allmählich und immer mehr zu einem Global Player.

Auch vor populären Themen hat Hollein keine Angst. Diese geht er nämlich mit höchster fachlicher Präzision an. Und so erlebten wir hier Ausstellungen, die sogar in die Naturwissenschaften reinragen (»Frequenzen [Hz] – Audiovisuelle Räume«) oder ins komplett Populäre (»Shopping – 100 Jahre Kunst und Konsum«) oder die einfach einen wohlbekannten Künstler mal ganz anders zeigen (»Henri Matisse: Mit der Schere zeichnen«). Alles Publikumsmagneten.

Aber mit der Schirn fing es für Hollein erst an. Seit 2006 ist er auch Direktor des Städel Museums und der Liebieghaus Skulpturensammlung. Und er schaffte, was niemand in Zeiten der knappen kommunalen Kassen für möglich hielt: einen riesigen Erweiterungsbau des altehrwürdigen Städel Museums.

Unter dem Garten erschuf er den Gartensaal für Moderne Kunst. Auslöser hierfür war eine Dauerleihgabe der Deutschen Bank, die die Kunstwerke aus ihrem Hauptsitz an der Taunusanlage beinhaltete. Da griff Hollein zu und initiierte eine große Spendenaktion. Die Frankfurter Bürgerschaft sammelte so viel Geld, dass staatliche Vertreter gar keine Wahl mehr hatten, als den Rest zu zahlen. Auf ewig wird sich die Frankfurter Stadtgesellschaft sagen können, dass sie den neuen, spektakulären Anbau geschaffen hat. Eine tolle Sache für die Identifikation mit dem Gebäude und seiner gesamten Geschichte.

Ohne einen Direktor, dessen Machtfülle in Frankfurt natürlich auch kritisch diskutiert wird, der aber zupackend neue Wege geht, wäre das alles nicht passiert. Wer Ausstellungen in diesen drei Häusern – Liebieghaus, Schirn und Städel – verpasst, hat wirklich etwas verpasst. Und an den beiden letzten Wochenenden jeder Ausstellung herrscht eine ganz besondere Stimmung. Viele Kunstfreunde gehen nochmals in die Ausstellung, und wenn man das häufiger macht, trifft man jedes Mal mehr bekannte Gesichter.

GRUND NR. 53

Weil das Museumsufer noch so viel mehr zu bieten hat

Alexandra, meine Sitznachbarin im Großraumbüro, wirkte neulich ein wenig verzweifelt: »Wo soll ich nur mit meiner Freundin und ihrem Mann hingehen?« Ich fragte nach und erfuhr, dass ihre Schulfreundin mittlerweile bei Hamburg wohnt und für das kommende Wochenende ihren Besuch angesagt hat. Sonntag war mit Brunch verplant, aber der Samstag – bislang ein leeres Blatt. Es war Herbst und das Wetter ziemlich schmuddelig.

»Aber ins Museum wollen wir überhaupt nicht!«, platzte es aus Alexandra noch schnell heraus. Ganz so, als ob sie geahnt hätte, was ich gleich vorschlagen wollte. Meine Gegenfrage, was denn dann überhaupt infrage käme, quittierte sie mit Achselzucken.

Dass ich meiner Kollegin dennoch helfen konnte, liegt an zweierlei: an der enormen Vielfalt an unserem Museumsufer und ein kleines bisschen auch daran, dass sie sich noch nie wirklich mit der Frankfurter Museumslandschaft befasst hat. Allein das Wort »Museum« wirkt auf viele Menschen viel zu intellektuell, als dass sie damit auch mal einfach nur Spaß verbinden könnten.

Aber genau für diese Art der Nutzung hat Frankfurt ebenfalls genug Häuser. Es muss nicht immer nur der Besuch im Kunsttempel oder im Architekturmuseum sein, um Feinheiten zwischen Bauhaus und Moderne herauszuarbeiten. Oder im Museum für Angewandte Kunst, wo es ja oft um Design-Klassiker geht. Auch das Jüdische Museum schreckt völlig unverdienterweise manche Leute ab. Schließlich wird hier nicht bedeutungsschwer der moralische Zeigefinger erhoben, sondern Stadtgeschichte lebendig gehalten.

Okay, wer ins Museum für Moderne Kunst geht, sollte ein wenig Interesse oder gar Vorbildung in puncto Beuys & Co. haben. Aber es gibt auch völlig heitere und spielerische Herangehensweisen. Damals lief gerade – und damit konnte ich bei Alexandra punkten – eine Ausstellung über Liebesbriefe im Museum für Kommunikation. Eine irgendwie vergessene literarische Form, die bestimmt jeder schon einmal selbst ausprobiert hat. Das schlug ich ihr vor, als Alternative noch das Filmmuseum (»mal einen echten Oscar sehen«) – und sie kam deutlich ins Grübeln.

Natürlich war sie am nächsten Montagvormittag sehr gut gelaunt. Ihr und ihrem Besuch hatte es in der Liebesbrief-Ausstellung super gefallen. »Man sollte sich einfach mal häufiger kundig machen, welche Ausstellungen hier so laufen«, meinte sie noch.

GRUND NR. 54

Weil man nicht Deutsch sprechen muss, um Frankfurt zu genießen

Frankfurt ist international, das weiß jedes Kind. Die Zahlen sind eindeutig. Mit rund einem Drittel der Wohnbevölkerung gibt die Stadt die offizielle Quote an: So viele Frankfurterinnen und Frankfurter haben einen ausländischen Pass. Doch wie international ausgerichtet Frankfurt wirklich ist, das merkt man erst, wenn man hier lebt und tatsächlich Leute trifft, die kein Deutsch sprechen.

Und damit sind jetzt nicht in erster Linie die Menschen gemeint, die normalerweise als Angehörige der »Parallelgesellschaft« bezeichnet werden. Also Immigranten und Kinder von Gastarbeitern. In Frankfurt gibt es viele ausländische Arbeitnehmer, die auch an ihrem Arbeitsplatz Englisch sprechen. Manche Firmen haben sogar

Englisch als Sprache am Arbeitsplatz eingeführt. Eine Geschichte, bei der man anzweifeln könnte, ob sie rechtlich überhaupt zulässig ist. Aber in Frankfurt ist das normal.

Sogar die Stadt Frankfurt selbst wirbt mit dem offiziellen Slogan »The City of the Euro«. Wir sind also regelrecht stolz auf alles, was international ist, und mit Englisch wird man sich immer wieder konfrontiert sehen. Doch was macht eigentlich jemand, der nur Englisch kann, wenn er Zerstreuung sucht?

Klar, ins Kino gehen. Die großen Filmpaläste bieten eigentlich immer englischsprachige Originalfassungen in extra Sälen. Das Astor-Kino im Obergeschoss der Zeilgalerie bietet sogar einen besonderen Service: Der Film läuft auf Deutsch, aber der Gast kann einen Funk-Kopfhörer bekommen, auf dem die englische Originalspur läuft. So können auch gemischte Gruppen alles verstehen.

In Restaurants kann sowieso jeder auf Englisch ordern. Sogar in Apfelweinkneipen geht das. Und man muss es nicht auf fehlende örtliche Sprachkenntnisse schieben, wenn man unfreundlich abgefertigt wird. Ganz ohne Diskriminierung Einzelner wird hier jeder angefrotzelt. Das ist schon mal anders als in Paris, wo Englisch-Sprecher gelegentlich absichtsvoll in die falsche Richtung geschickt werden.

Der Frankfurter tickt nämlich anders. Während viele Franzosen regelrecht beleidigt sind, wenn der Gast nicht die Sprache der »Grande Nation« beherrscht, die in ihren Augen kultivierteste Art der Kommunikation, ist der Frankfurter eher beleidigt, wenn der Gast den Handkäs' und den Apfelwein nicht probiert. Er muss ja net schmecke, aber probiere sollt ma schon! Und mit ein paar Schoppen Apfelwein intus kann jeder Frankfurter Englisch sprechen. Verstehen geht sogar ganz ohne Äppler.

Besonders entgegen kommt den kulturbegeisterten Ausländern natürlich die exzellente Versorgung mit der sogenannten Hochkultur. Ausstellungen, Museen und Galerien sind sowieso immer zweisprachig ausgeschildert. Und in der Oper, die ja eines der absoluten Aushängeschilder Frankfurts ist (immer wieder als »Oper des Jahres« ausgezeichnet), braucht man die Sprache nicht wirklich zu verstehen. Entweder ist das Stück sowieso auf Italienisch, oder aber man kennt den Text in- und auswendig. Sogar einige Sänger sprechen die Sprache nicht, in der sie singen!

Klassische Konzerte kommen ganz ohne Sprache aus, und in der Alten Oper, aber auch beim Hessischen Rundfunk werden sie in exzellenter Qualität dargeboten. Und auch das Ballett von William Forsythe genießt nicht nur Weltruhm, sondern hat eine ganz große Fangemeinde unter den Englisch-Sprechern.

Ja, wenn man richtig nachdenkt, verdanken wir vielleicht die Blüte dieser Art der Hochkultur sogar unseren nicht Deutsch sprechenden Mitbürgern. Schließlich will eine Bank oder eine internationale Behörde wie die EZB alle möglichen Angestellten anziehen. Nicht ohne Grund befindet sich das English Theatre im Erdgeschoss eines Bankgebäudes. Dieses Theater genießt übrigens auch einen exzellenten Ruf – nicht nur, weil Moderatorin Sonya Kraus hier ihre erste Hauptrolle spielen durfte. Und das zugehörige Café ist ein toller Treffpunkt von »english speaking persons«.

Da sagen wir doch einfach mal ein herzliches »Thank you for speaking English!« – »Thank you for supporting our international culture«. But also: »Please try to like Handkäs' and Ebbelwoi.«

GRUND NR. 55

Weil das Stalburg Theater (keine) kleine Kunst macht

Wenn mich jemand fragt, wo man einen Ort findet, an dem Frankfurt richtig Frankfurt ist, dann schicke ihn ins Stalburg Theater – eine Kleinkunstbühne in einem der traditionsreichsten Apfelweinlokale der Stadt. Und das Ganze mitten im citynahen, aber ruhigen Wohngebiet Nordend.

Hier schnuppert man Frankfurt. Das ist wirklich so. Der kleine Theatersaal hat genau wie der Gastraum einen ganz typischen Geruch, den ein Frankfurter einfach liebt. Das Lokal wird vom schrulligen Mittvierziger Fritz Reuter geführt, das Theater vom schrulligen Mittfünfziger Michi Herl. Beide sind absolute Kultfiguren und machen nur das, was ihnen richtig erscheint. Zu schreiben, sie würden nur das tun, was ihnen Spaß macht, kommt mir nicht in den Sinn, weil sie nie so wirken, als hätten sie Spaß.

»Grantler« würde man Reuter und Herl wohl anderswo nennen. Sturköpp heißt das in Frankfurt. Fritz Reuter stammt aus einer Apfelwein-Familie, der das Haus aus dem 15. Jahrhundert gehört. Vom Vater, der auch Fritz Reuter hieß, übernahm der Junge die Wirtschaft, die Kelterei und auch die Einstellung, die schon fast an eine Ideologie grenzt.

»In der Stalburg wird nicht gepanscht!« Das ist bis heute die Devise. Und mit Panschen meint der Wirt das Mischen von Apfelwein mit süßer Limonade – den sogenannten Süß-Gespritzten. Sauer spritzen ist willkommen, also das Apfelweinglas zu circa drei Vierteln mit Apfelwein füllen und dann Sprudel dazu. Aber echte Traditions-Kelterer sehen das Süß-Spritzen als Frevel an. Wie schon erwähnt, geht sogar das Gerücht um, dass, wer einen puren Schoppen und ein Glas Limonade bestellt, erst ein Kind vorweisen muss, bevor er das Bestellte bekommt. Ausprobiert habe ich das noch nicht. Zum einen weil ich selbst keinen Süß-Gespritzten trinke, aber auch weil ich mich das nicht trauen würde. Es sollen schon Gäste wegen Süß-Spritz-Versuchen des Lokals verwiesen worden sein.

Im Jahr 1998 hatte ein anderer Sturkopf ein Problem. Der erfolgreiche Journalist und Essayist Michi Herl hatte sich gerade als Theaterautor einen Namen gemacht. Und sein Stück war der Renner, als er sich mit dem Theatermacher zerstritt. »Noch mindestens zehn bereits ausverkaufte Vorstellungen, aber keine Bühne« hatte er nach eigener Aussage.

Er bekam den Tipp, mal zum Reuter zu gehen, und den ersten Kontakt beschreibt Herl auf seiner Webseite *stalburg.de* so: »Es trafen sich zwei Grundverschiedene – doch es trat ein, was niemand vermutete: Aus dem dicken Yin und dicken Yang wurden Arsch und Eimer. Reuter hatte schon unzähligen redseligen, gegelten Fatzkes eine Abfuhr erteilt. Chill-out-Partys wollten sie in seinem schönen Saal veranstalten, Events und sonstiges Teufelszeugs, womöglich gar seinen selbst gekelterten Schoppen süß spritzen. Herl hingegen hatte irgendwas von ›Theater‹ gebrabbelt und ansonsten sein Maul gehalten. Das fand der Reuter gut. Er sagte ›mach‹, und fertig war der Beginn einer wunderbaren Freundschaft.«

Das »Gebrabbel von Theater« war ein Glücksfall. Sogar Tigerpalast-Chef Johnny Klinke war begeistert und steuerte 3.000 Euro bei. Auch die Kulturinstitution Batschkapp spendete etwas, nämlich eine Bühne, und der Film-Geräteverleih MBF gab ein paar Scheinwerfer.

Zunächst gab es im Stalburg Theater viele Ein-Personen-Stücke. Herl: »Flugs war ein kleines Boudoir der Frankfurter Künstlerszene entstanden – so, als wäre da nie etwas anderes gewesen.« Und er erzählt auch noch heute belustigt, dass Ilja Richter in der Anfangszeit in der Stalburg vor fast leerem Saal aufgetreten ist, weil »keiner dachte, dass es der echte sei«.

Nach ein paar Jahren konnte man sich einen ordentlichen Umbau leisten, der den Charme des Saals aber nur verstärkte. Circa 120 Plätze sind maximal im Saal zu besetzen, und nach der fast immer ausverkauften Vorstellung darf das Publikum so lange sitzen bleiben und Apfelwein oder sonst was (nur nicht Süß-Gespritzten) trinken.

Es gibt Künstler, die immer wiederkommen, so ist die Stalburg auch der Ort, an dem die so berühmte Familie Hesselbach überlebt hat. Unvergessen, wie Hauptdarsteller Wolf Schmidt alias »Babba« Hesselbach und seine Mitstreiter im Nachkriegsdeutschland die Spießerfamilie schlechthin dargestellt haben. Zuerst im Radio, dann auf der Kinoleinwand und in den Sechzigerjahren auch im Fernsehen. Der Hessische Rundfunk hatte mit *Die Hesselbachs* eine echte Straßenfeger-Serie mit Einschaltquoten bis zu 93 Prozent. Heute strömen Stalburg-Fans voller Nostalgie in den Saal, um die Hommage an die erste schrecklich nette Familie des deutschen Fernsehens zu sehen. Das ist Frankfurt!

GRUND NR. 56

Weil ein Besuch im Kaisersaal wirklich erhebend ist

Frankfurt macht es seinen Bewunderern nicht leicht. Einem Besuch im Kaisersaal können richtige Hindernisse im Weg stehen. Man muss nämlich eines wissen: Der Raum, in dem deutsche Könige zu Kaisern gekürt wurden, ist ein Saal, in dem tatsächlich auch repräsentiert wird. Und wenn eine wichtige Veranstaltung ansteht, wie etwa die Verleihung des Deutschen Buchpreises als Auftakt der Buchmesse oder der Neujahrsempfang der Stadt, dann hat der Tourist keine Chance.

Eine echte Bekanntmachung habe ich auch gar nicht gefunden, bis auf das Schild am Eingang: »Heute geschlossen.« Vielleicht sagt man sich bei der Stadtverwaltung: Der Saal hat Hunderte von Jahren seine Funktion erfüllt, dieses komische Internet ist bestimmt nur eine vorübergehende Erscheinung, dann müssen wir auch nicht im Netz bekannt geben, ob der Saal heute zugänglich ist oder nicht. Es gibt lediglich zwei Telefonnummern, auf die verwiesen wird.

Wenn er geöffnet ist, dann ist ein Besuch des Kaisersaals wirklich erhebend. Der Eintritt erfolgt über den südlichen Nebeneingang des Römers (wenn man davorsteht, in der Gasse links von der Fassade). Hier zahlt man zwei Euro und darf die Treppe nach oben laufen.

52 Gemälde zieren die Wände, sie zeigen alle Könige und Kaiser des Heiligen Römischen Reiches Deutscher Nation. In genau

diesem Saal fanden die Bankette nach den Wahlzeremonien statt. Wahl und Krönung hingegen waren davor im Dom über die Bühne gegangen.

Ein besonderes Ritual beschrieb Johann Wolfgang von Goethe in *Dichtung und Wahrheit*, das weitgehend autobiografisch geprägt ist: »Um den gebratnen Ochsen aber wurde diesmal wie sonst ein ernsterer Kampf geführt. Man konnte sich denselben nur in Masse streitig machen. Zwei Innungen, die Metzger und Weinschröter, hatten sich hergebrachtermaßen wieder so postiert, daß einem von beiden dieser ungeheure Braten zuteil werden mußte.«

Der Dichter beschrieb die Krönung von Joseph II. im Jahr 1764. Die Tradition sah damals vor, dass der neue Herrscher sich im vollen Ornat auf dem Balkon des Römers dem Volk zeigte, die eine oder andere Silbermünze springen ließ – also in die Menge warf – und dann den gebratenen Ochsen dem Volk stiftete. Tumulte und Prügeleien waren vorgezeichnet.

Gut 200 Jahre nach Goethe erlebten wir Ähnliches, als Kaiser Franz Beckenbauer mit seinen Mannen aus Italien zurückkam und den Sieg der Fußballweltmeisterschaft 1990 feierte.

GRUND NR. 57

Weil Frankfurts Oper und Schauspiel top sind

Die Aufgabenverteilung ist geradezu klassisch: Wer vor den Städtischen Bühnen am Willy-Brandt-Platz steht, sieht rechts die Oper und links das Schauspiel. Die Oper steht für gediegene Kunst. Premieren-Abos halten die Wirtschaftsgrößen und Politiker. Links sehen wir das Schauspiel, immer gut für politische Einmischung. Auch die Occupy-Aktivisten, die in der Nachbarschaft zelteten, genossen unter der Hand Unterstützung durch das Schauspiel, sie durften im Haus duschen und sich aufwärmen. Premieren-Abos halten hier die Intellektuellen der Stadt und auch einige Politiker. Im Rücken hat man, wenn man so steht, übrigens die Europäische Zentralbank, aber das ist jetzt zu viel Symbolik …

Beide Häuser sind in ihren jeweiligen Kritikerzirkeln hoch angesehen. Wobei die Freunde der Oper schon sehr lange in Frankfurt auf ihre Kosten kommen. Die Oper Frankfurt ist nun wirklich Weltklasse. Das bezeugt die Tatsache, dass sie von der Zeitschrift *Opernwelt* schon dreimal als »Opernhaus des Jahres« ausgezeichnet wurde.

Aber auch das Schauspiel hat sich in den Augen der Kritiker gemausert. Seit der Berliner Oliver Reese das Theater übernommen hat, scheint es sein Provinzdasein abgestreift zu haben. Große *Faust*-Projekte, kleine Uraufführungen und ein festes Ensemble, das in Frankfurt gemeinsam etwas aufbauen will, das sind die Eckpfeiler, mit denen sich Intendant Reese mitten in der Stadt Respekt verschafft.

Vorbei die Zeiten, in denen zwar herausragende Künstler in Frankfurt arbeiteten, die aber erst richtig anerkannt wurden, nachdem sie aus Frankfurt verjagt worden waren. Einer davon war Einar Schleef, der seine revolutionäre Art des Sprechtheaters in Frankfurt entwickelte, im Schauspiel aber weitgehend vor leerem Zuschauerraum spielen musste.

Auch Rainer Werner Fassbinder war mit seinem Ensemble in der Stadt. Er leitete das Theater am Turm, das heute leider gar nicht mehr besteht. Aber nach ein paar Jahren war Schluss. Ich kann mich noch sehr gut daran erinnern, als ich in meiner Straße auf dem Weg von der Schule nach Hause plötzlich den Fassbinder-Schauspieler Gottfried John traf. Er wohnte damals wohl im Mittelweg. Mensch, war ich stolz, aber ihn anzusprechen traute ich mich damals nicht.

Laut Schriftstellerin Elfriede Jelinek gibt es im Nachkriegsdeutschland ja nur zwei Genies: Rainer Werner Fassbinder und Einar Schleef. Interessant, dass beide in Frankfurt wirkten und beide an der Stadt irgendwie scheiterten. Fassbinders Frankfurt-Stück

Der Müll, die Stadt und der Tod ist sogar bis heute immer noch gut für einen Skandal, wenn mal wieder jemand das Werk aufzuführen gedenkt. Dabei sieht sich der Frankfurter selbst doch immer als höchst toleranten Kunstfreund.

Heute ist Frankfurt als Stadt der schönen Künste gar nicht so unerfolgreich, wie man immer denkt. Es gibt eine Schauspiel- und Musik-Hochschule, sogar die einzige des ganzen Bundeslandes. An der hat nicht nur der Schlagerstar Helene Fischer seine Bühnenfertigkeiten erlernt. Auch Schauspieler Udo Samel oder der Dirigent Helmuth Rilling gehören zu den Absolventen. Die Szene der Boulevard-Theater blüht ebenfalls: Die Komödie (gegenüber vom Schauspiel) und das Fritz Rémond Theater (im Zoo) bieten ihrem Publikum immer wieder Stars, die man aus dem Fernsehen kennt. Hans-Jürgen Bäumler, Michaela Schaffrath oder Alexandra Kamp geben hier immer mal wieder Gastspiele und zeigen, dass auch solche Promis sich weiterentwickeln können.

GRUND NR. 58

Weil »Dynamit-Rudi« die Alte Oper nicht kleinkriegte

Der schönste Platz Frankfurts ist in den Augen vieler der Platz vor der Alten Oper, der Opernplatz. Neuankömmlinge, bitte beachten: Opern werden in diesem Haus nicht gespielt, die gibt es in den Städtischen Bühnen, wo die Oper residiert. In der Alten Oper gibt es klassische Konzerte, ab und an auch konzertant aufgeführte Opern, Popkonzerte und alle möglichen Kongresse. Zweimal im Jahr finden große Bälle statt: der Opernball im Februar und der Sportpresseball im November, für die sich viel Prominenz ansagt: Von Alain Delon bis Boris Becker, von Sophia Loren bis Hildegard Knef waren schon alle dabei. Und auch zum Hessischen Filmpreis während der Buchmesse wird hier der rote Teppich ausgerollt.

Aber es soll nun um den Platz vor dem Gebäude gehen, der wunderschön ist, falls ich das noch nicht erwähnt habe. Der Platz bekommt seine Einzigartigkeit natürlich vom Gebäude der Alten Oper. Denn der gründerzeitliche Kulturpalast ist für das Stadtbild etwas ganz Besonderes. Sobald die ersten Sonnenstrahlen im Frühjahr das Frankfurter Stadtpflaster erwärmen, sitzen überall auf dem Opernplatz die Leute rum. Es ist einfach schön, am Brunnen oder auf den Stufen der Alten Oper zu sitzen. Aber auch in einem der vielen Cafés einen teuren Latte macchiato oder ein Glas Rosé zu sich zu nehmen macht Spaß.

Die meisten Frankfurter denken, dass der frühere Oberbürgermeister Rudi Arndt ihnen diesen Genuss einfach nicht gönnen wollte. Unbestritten ist, dass Arndt einmal einen Stoßseufzer absonderte, der in die Richtung ging: »Am liebsten würde ich ein paar Stangen Dynamit nehmen und diese Ruine in die Luft sprengen.« Die Alte Oper stand nämlich als ausgebombte Ruine wie ein Schandfleck bis in die Siebzigerjahre mitten in der Stadt.

Wiederaufbau, Abriss oder Neuaufbau wurden heftig diskutiert, aber alles scheiterte immer wieder an den Kosten. Irgendwann war dann der Leidensdruck zu groß, und man kratzte genügend Geld zusammen. Hier hatte Arndt aber eine andere Vorstellung: Er wollte lieber das Gebäude abreißen und naturgetreu wieder aufbauen. Umgesetzt wurde jedoch ein kühner Reparaturbau, wobei die Fassade restauriert wurde und innerhalb der Fassade quasi ein ganz neues Haus entstand.

Was heute da steht, ist also eine alte Fassade, die nichts mehr tragen könnte, mit einem neuen Haus im Innern, das aber unter erschwerten Bedingungen gebaut wurde. Schließlich mussten die Architekten und Ingenieure auf die alte Fassade Rücksicht nehmen.

Rudi Arndt hätte also lieber die Ruine abgerissen und alles neu aufgebaut. Bestimmte Gebäudeteile hätten so auch etwas zweckmäßiger konstruiert werden können. Doch zur Eröffnung im Jahr 1981 war Arndt schon abgewählt, und sein Nachfolger Walter Wallmann konnte die Legende weiterverbreiten, dass »Dynamit-Rudi« das Gebäude nicht haben wollte.

Heute sind diese Wunden völlig vernarbt, auf Frankfurts schönstem Platz (was einmal betont werden muss!) denkt niemand mehr an Dynamit.

GRUND NR. 59

Weil Marcel Reich-Ranicki mir nach zwei Wochen endlich die Tür aufmachte

Wenn ich einmal gefragt werde, wer der Frankfurter ist, vor dem ich den meisten Respekt hatte, fällt die Antwort ganz leicht: Marcel Reich-Ranicki, Literaturkritiker, Holocaust-Überlebender, intelligenter Kopf und schrulliger Typ, der nur das machte, worauf er Lust hatte, was ihn nicht langweilte. Der Mann hat nicht nur viel erlebt, er erzählte auch sehr präzise und gleichzeitig unterhaltsam davon.

Auch die Schlüsse, die Marcel Reich-Ranicki aus seiner Geschichte zog, die zugleich unsere deutsche, polnische, europäische Geschichte ist, fand ich immer äußerst bewundernswert. Dass er nach allem, was Deutsche ihm angetan haben, sich eine deutsche Stadt als Wahlheimat aussuchte, empfinde ich als ganz und gar nicht selbstverständlich. Und dass seine Wahl auf Frankfurt fiel, mag pragmatische Gründe gehabt haben (die Buchverlage, die Buchmesse, die *FAZ*), aber ganz bestimmt auch am weltoffenen Wesen der Stadt gelegen haben. Ich empfand es immer als Dauerlob für Frankfurt, dass Marcel Reich-Ranicki bis zu seinem Tod im Alter von 93 Jahren in Frankfurt-Eschersheim lebte.

Außerdem durfte ich früh herausfinden, dass er am selben Tag Geburtstag hat wie ich. Am 2. Juni. Ansonsten findet sich in Kalenderblättern nur noch ein weiterer Prominenter der Geschichte, der am 2. Juni Geburtstag hat, und das ist der Marquis de Sade. Das nur am Rande, es hat eigentlich für diese Geschichte keine Bedeutung.

Zum Ende meiner Schulzeit hatte ich dann mit dem großen Literaturkritiker persönlich zu tun. Er selbst hat das anfänglich und wahrscheinlich auch später gar nicht gemerkt, für mich war es aber umso prägender. Ich hatte nämlich einen Sommerjob bei der Post angenommen, als Briefzusteller, also Postbote. Offiziell hieß das natürlich: Ersatzzusteller, ich war ja nur die Urlaubsvertretung für den Stammzusteller, der sich in den Sommerferien erholte.

Wie es der Zufall wollte, war gerade der Stammzusteller im sogenannten Dichterviertel urlaubsreif – mein Glück. Denn auf meiner Route, die ich nun drei Wochen lang betreuen durfte, wohnten Marcel Reich-Ranicki und seine Frau Teofila. Wow, als ich das erfuhr, war ich echt nervös. Und gleichzeitig fühlte ich mich ein wenig wichtiger.

Und ich entwickelte eine Art Schutzimpuls für meinen prominentesten Kunden. Ich wurde nämlich regelrecht wütend auf einige Absender von unhandlicher Post, die – nach der äußeren Form zu schließen – unveröffentlichte Manuskripte enthielten. Viele passten nicht in den Briefkasten, und einige waren sogar per Einschreiben verschickt worden. Trifft der Postbote den Empfänger nicht an, muss er eine Benachrichtigung in den Briefkasten stecken. Die Folge ist natürlich, dass die älteren Herrschaften dann zum Postamt laufen müssen, um die Sendung eigenhändig abzuholen.

Meist waren die Reich-Ranickis zu Hause, hatten aber die Klingel abgestellt, um nicht gestört zu werden. Hatte ich also wieder einmal so ein Paket mit mutmaßlichem Manuskript zuzustellen und die Tür öffnete sich nicht, dann konnte es schon mal vorkommen, dass ich – in eindeutiger Überschreitung meiner Kompetenzen – die Sendung sicher verwahrte und am folgenden Tag noch einmal mitbrachte. In der Hoffnung, dann den Empfänger anzutreffen.

Außerdem hatte ich mir vorgenommen, dem berühmten Postkunden während meiner limitierten Zeit als Zusteller-Vertreter wenigstens einmal persönlich zu begegnen. Doch es war vertrackt. Die Tür blieb zu – während der gesamten ersten Woche. Die Übergabe der Einschreibesendungen musste doch bestätigt werden – sie mehr als zwei Tage zurückzuhalten würde schon an Unterschlagung grenzen. Doch auch in der zweiten Woche wurde diese Tür einfach nicht aufgemacht. Ich fühlte mich machtlos.

Erst am Ende der zweiten Woche – ich war schon fast mit den Nerven am Ende – öffnete sich die Wohnungstür. Und Reich-Ranicki war genauso, wie ich ihn damals immer im Fernsehen erlebt hatte. Nur viel freundlicher. »Danke bestens!« So schmetterte der Literaturkritiker mir kraftvoll die Worte entgegen, nachdem ich ihm einen Stapel Briefe überreicht hatte. Das war cool.

Aber mehr hatte er nicht gesagt. Später wurde mir klar, dass er mir ja durchaus bei dieser Gelegenheit hätte mitteilen können, dass ihn diese Einschreibe-Benachrichtigungen nerven. Wenn sie ihn denn wirklich genervt hätten. Vielleicht hatte er ja dieses Problem auch schon längst irgendwie gelöst. Vielleicht durch eine Vollmacht für jemanden, der ihn und seine Frau unterstützte. Hatte ich mir also zu viele Gedanken gemacht?

Vielleicht war ja auch meine Anfangsvermutung völlig falsch. Vielleicht waren die Einschreibesendungen gar keine Manuskripte von untalentierten Nachwuchsautoren, die dem großen Meister ihre verschmähten Werke unterzujubeln versuchten und ihn damit nervten. Vielleicht hatte ich mir das alles nur eingeredet.

Egal. Während der restlichen Zeit meiner Vertretungstätigkeit in diesem Zustellbezirk klingelte ich zwar immer wieder bei Reich-Ranicki, war aber gar nicht mehr traurig, wenn er mal nicht öffnete.

Später war ich als Journalist für das Fernsehen öfter in der Wohnung, um Marcel Reich-Ranicki zu interviewen. Nach seiner spektakulären Ablehnung des Deutschen Fernsehpreises zappten wir sogar einmal gemeinsam durch einige Trash-Programme und nahmen seine Kommentare über Volksmusik und dergleichen auf.

Manchmal ging es aber auch um Nobelpreisträger oder um seinen Freund Thomas Gottschalk.

Diese Interviews waren aufschlussreich und spannend. Ich musste aber immer an meine Zeit als Briefzusteller für den wichtigsten Frankfurter denken. Diese Zeit möchte ich nicht missen.

GRUND NR. 60

Weil jeder Frankfurter dreimal im Leben das Senckenberg Naturmuseum besucht

Jede Regel wird irgendwann einmal außer Kraft gesetzt. Auch in Frankfurt. Doch hier erst einmal die Regel, um die es geht: Jeder echte Frankfurter geht dreimal in seinem Leben ins Senckenberg Naturmuseum.

Einmal als Grundschüler mit seiner Klasse, um die versteinerten Tiere aus prähistorischer Zeit zu sehen, was Lust auf Naturwissenschaften machen soll. Freilich kommt jeder Schüler mit staunenden Augen aus dem Naturkundemuseum heraus und spricht über die präparierte Anakonda, die ein Urschwein verschlingt. Wie bei einem Stopp-Trick aus einem Film ist die Szene eingefroren. Es wirkt so gruselig, aber gleichzeitig absolut authentisch. Mitten im Akt des Verschlingens muss die Schlange verendet sein. Wir sind quasi dabei, wie die Natur ihr grausiges Werk vollbringt.

Ein weiteres Mal geht man mit seinem ersten Date ins Senckenberg – weil immer nur Kino langweilig ist und die Gänge im Museum recht leer sind. Man kann ungestört ein Knutscherchen wagen. Und man kommt natürlich auch diesmal an der Anakonda mit dem Urschwein vorbei, die einen als Kind so beeindruckt hat. Davorstehend wird einem plötzlich klar, dass die Szenerie ja auch eine sexuelle Interpretation ermöglicht. Willkommen im Erwachsenenleben!

Und ein drittes Mal besucht man das Museum als Rentner. Klar, weil man sich im Angesicht von Millionen alter Exponate jung fühlt und sich außerdem an die Kindheit (Besuch mit der Grundschule) und ganz besonders an den Beginn der Sexualität (erstes Date) erinnert. Vor allem die Schlange mit dem verschlungenen Schwein lässt Erinnerungen aufkommen – ach, so ein Verlangen! So ein Hunger!

Okay, so gut, so akkurat, so hinfällig ist diese Regel mittlerweile. Natürlich steht das Senckenberg als eines der zwei wichtigsten Naturkundemuseen Deutschlands immer noch auf dem Pflichtzettel der Grundschulklassen. Doch mittlerweile hat die Institution, die 1817 als Verein gegründet wurde, auch zwischen den drei obligatorischen Besuchen eines Frankfurters viel an Attraktivität gewonnen.

Es gibt hier hin und wieder Events, manchmal Partys, wo jeder, der Eintritt zahlt, reinkommt – im Schummerlicht wird dann unter Dinoknochen getanzt und getrunken. Aber es gibt auch viele Sonderausstellungen. Gerade zum Klimawandel haben sich die Organisatoren schon einiges einfallen lassen.

In einem 2008 mit finanzieller Unterstützung des Millionärs und Aktienhändlers Wolfgang Steubing errichteten Anbau finden Aufsehen erregende Sonderschauen statt. Die »Körperwelten« Gunther von Hagens' waren hier schon zu sehen, aber auch ganz eigene Ideen, wie eine Schau zur Tiefsee, wurden entwickelt.

Auch das ureigenste Fachgebiet der Senckenberg Gesellschaft sorgt immer wieder für Schlagzeilen: Ausgrabungen. Das liegt natürlich an der Grube Messel, die sich südlich von Frankfurt befindet und ein Fundort von versteinerten Fossilien ist. Zum Beispiel entdeckte man hier das Urpferdchen, das auf den süßen Namen Propalaeotherium hassiacum getauft wurde. Es ist sagenhafte 50 Millionen Jahre alt.

Heute sind Senckenberg-Forscherteams jeden Sommer in der Grube und suchen nach neuen Pferdchen aus vergangenen Epochen. Dabei sollte in den Achtzigerjahren des vorigen Jahrhunderts die Grube als Mülldeponie zugeschüttet werden. Welch ein Beinahe-Frevel, der nur von Protestbürgern abgewendet werden konnte! Die Grube Messel ist übrigens auch ein lohnenswertes Ausflugsziel. Die älteste der drei UNESCO-Weltnaturerbe-Stätten Deutschlands (die anderen sind das Wattenmeer und die alten Buchenwälder) liegt nur 30 bis 45 Minuten Autofahrt von der Frankfurter City entfernt. Wenn Sie im Senckenberg Museum fertig sind, fahren Sie vielleicht mal mit einem Date dorthin – nicht damit warten, bis Sie Rentner sind!

Kapitel 7

DER NEUE, WILDE OSTEN

Schön, aber noch nicht zu edel

Die Metzgerei Gref-Völsing ist eine Frankfurter Institution

GRUND NR. 61

Weil die Hanauer Landstraße eine Weltstadt-Keimzelle ist

Frankfurt im Osten, das steht für ein ganz neues Leben. Ja, wofür London eine ganze Olympiabewerbung brauchte, das hat Frankfurt einfach mal still und fleißig im Verborgenen vollbracht. Im Ostend waren traditionell die Industrien des 19. Jahrhunderts angesiedelt. Das lag auch am Westwind, der meist in Mitteleuropa herrscht und die anfallenden Abgase von der Stadt wegtrieb. In diesem Fall natürlich weg von Frankfurt, hin nach Offenbach, was den Frankfurtern damals bestimmt zweimal ein Lächeln ins Gesicht zauberte.

Genau wie das neue Eastend in der britischen Hauptstadt lag das Frankfurter Ostend eher brach. Ein Hafen, eine verstopfte Ausfallstraße, eine Großmarkthalle, die schmuddelig, aber denkmalgeschützt war, und dazu ein bisschen sozialer Wohnungsbau ohne Inspiration. Kurz: Das frühere Industriegebiet im Osten war lange höchstens bei Menschen beliebt, die die günstigste Miete der Stadt suchten.

Heute sind die Mieten immer noch okay, wobei sie natürlich steigen, wie überall in Frankfurt. Aber es gibt jetzt etwas, das im 19. und zu Beginn des 20. Jahrhunderts nicht geplant worden war: Lebensqualität.

Und alles begann mit der Hanauer Landstraße. In den Neunzigerjahren des vorigen Jahrhunderts machten sich einige Immobilienentwickler auf, die Meile zu retten. Denn die Hanauer Landstraße, die eigentlich nur eine immer vom Verkehr verstopfte Ausfallstraße war, hatte ein echt großstädtisches Flair: hohe Bebauung mit ehemaligen Lagerhallen, Kontore und Büroetagen aus den Zwanzigerjahren des vorigen Jahrhunderts. Es gibt Ecken, da könnte man meinen, im New Yorker Meatpacking District zu stehen.

Klar, der Trend war, dass coole Branchen in Loft-Gebäuden ihre Büros aufschlagen würden. Mit Yoga-Ecke und mit toller Kaffeemaschine. Und ein Visionär mit Investitionskapital trieb das Ganze noch einen Schritt weiter: Ardi Goldman, der gerade einen Batzen Geld geerbt hatte – leider durch einen tragischen Unfall, in dem der größte Teil seiner Familie ums Leben kam –, hatte sich in anderen Metropolen umgesehen.

Und meist funktioniert die Wiederbelebung eines Viertels so: Zuerst liegt alles brach, dann kommen Künstler und Musikclubs und dann die coolen, kleinen Firmen und Agenturen. Später dann folgen die großen Firmen, an denen man richtig Geld verdienen kann. Künstler waren teilweise schon da, Goldman überließ also ein ehemaliges Neckermann-Lagerhaus einer Gruppe von Partyveranstaltern. Und ganz programmatisch nannten sie den neuen Club L.O.F.T.-House. Damit war auch gleich der elektronische Tanzmusiktrend der Neunzigerjahre – House-Music – mit abgedeckt. Und wenige Jahre später baute er das Areal der Union-Brauerei um, etablierte dort zwei Diskotheken und mehrere Restaurants, und schon folgten alle möglichen hippen Agenturen und Geschäfte. Mittlerweile hat Ardi Goldman mit dem MA dieses Konzept auch auf die Innenstadt übertragen, aber die Hanauer Landstraße ist immer noch sein Hauptbetätigungsfeld. Auch weil er einem Designhotel am Anfang der wichtigen Meile seinen Namen verliehen hat: dem Goldman 25hours.

Vollendet wird diese Ecke der Stadt aber erst mit der Eröffnung der neuen Autoverbindung über die Honsellbrücke und der damit verbundenen Verkehrsentlastung. Das funktioniert prima. Zwar ist der Start-up-Trend der Neunzigerjahre hier verraucht, heute sind die Business-Konzepte realistischer, aber sie scheinen zu funktionieren. Deutschlands älteste große Werbeagentur Thompson residiert hier. Eigentlich alle Automarken, die ein etwas kreativeres Image anstreben, haben hier Häuser eröffnet, die aber gar nicht mehr so wie die klassischen Autohäuser aussehen. Und auch die Künstler kommen immer noch zu ihrem Recht: Im Loulakis-Gebäude finden sich etliche Künstlerateliers, nachdem sie aus dem Bahnhofsviertel raus mussten. Und immer wieder gibt es hier Tage mit offenen Ateliers, an denen mutige Kunstfreunde mit den Erschaffern der Werke sprechen und vielleicht den nächsten Star der Art Basel früh entdecken können. Die Chance ist da. Es sind viele Chancen da, sie liegen auf der Hanauer Landstraße.

GRUND NR. 62

Weil die Daten hier zu Hause sind – oder zumindest im Transit

Haben Sie heute schon eine E-Mail geschrieben? Oder sonst Daten durchs Netz geschickt? Dann haben Sie heute schon einmal mit hoher Sicherheit eine Kommunikation mit dem Frankfurter Ostend geführt. Ja, wenn Sie 100 E-Mails verschickt haben, sind statistisch gesehen 85 davon durch Knotenpunkte im Frankfurter Osten geschickt worden.

Verwaltet wird der riesige Daten-Hub von der Firma DE-CIX, die in einem Neubau in der Parallelstraße der Hanauer Landstraße residiert. Der tatsächliche Knoten der Daten befindet sich ein wenig weiter östlich. Vor einigen Jahren hatte man sich entschlossen, aus Sicherheitsgründen den Verwaltungssitz mit bekannter Postanschrift vom Gelände des hochsensiblen Technikzentrums zu verlegen.

Der große Datenbahnhof ist in unmarkierten Gebäuden untergebracht, die zwar eingezäunt und richtig heftig mit Kameras überwacht werden, aber ganz und gar schäbig und unscheinbar aussehen. Zur Ablenkung gehört auch, dass an einigen der alten Bürogebäude gefakte Maklerbanner hängen, auf denen steht: »Büroraum zu vermieten.« Dabei wird hier eher neuer Raum gesucht, für ständige Erweiterungen.

Wer genau hinguckt, sieht aber, dass an den schmuddeligen Gebäuden hochmoderne Klimaanlagen angedockt sind – alles für die Technik. Klar, Sicherheit muss hier großgeschrieben werden, weshalb es auch unter Frankfurter Journalisten eine Abmachung gibt, den ganz genauen Standort nicht zu veröffentlichen. Ebenfalls zur Aufrechterhaltung der Sicherheit haben die Techniker einen sogenannten Mirror, also eine Stelle, auf der alle Daten sicherheitsgespeichert (»gespiegelt«) werden, in Amsterdam geschaffen. Weit genug weg, dass er im Katastrophenfall hoffentlich nicht betroffen ist, nah genug, dass die Computerexperten zur Wartung schnell dort sein können.

Für Technik-Freaks: 2,5 Terabytes an Daten werden von DE-CIX in der Spitze pro Sekunde in Frankfurt verarbeitet, damit ist dies der größte Datenpunkt auf der Erde. Stolz ist man, dass es seit 2007 keinen einzigen Ausfall gab.

Spannend ist natürlich die Frage, ob der US-Geheimdienst NSA oder andere Schnüffeldienste hier auch ein Büro unterhalten. Die Antwort ist: Ganz bestimmt, die sind ja nicht doof. Aber das ist wahrscheinlich hoch professionell getarnt. Vielleicht ja als coole Agentur oder als aufstrebendes, neues Restaurantkonzept. Gehen Sie einfach mal durch die Hanauer Landstraße oder die Lindleystraße und fantasieren Sie darüber, hinter welchem Firmenschild sich in Wirklichkeit Cyberage-Schlapphüte verbergen mögen. Auch das macht Spaß.

GRUND NR. 63

Weil der Flohmarkt doch auch in den Osten passt

In Frankfurt gibt es zwei Flohmärkte, die eigentlich ein und derselbe sind, aber im Charakter Unterschiede aufweisen. Im wöchentlichen Wechsel findet der Markt immer samstags einmal am Sachsenhäuser Ufer statt und einmal im Osthafen, jeweils von neun bis 14 Uhr.

Wir wissen ja: Den Charakter eines Flohmarktes bestimmt ganz besonders die Lage. Wer schon einmal in Paris war, kennt vielleicht den Markt am Porte de Montreuil. Das ist ein überlaufener Haufen von vielen Ständen. Billige Kleidung, wahrscheinlich Markenfälschungen, und alter Krempel. Eine Stufe besser ist es an der Porte de Saint-Ouen-Clignancourt. Etwas edlere Stände, aber auch Hip-Hop-Klamotten – je nachdem, in welchem Bereich man sich aufhält, wirkt es hier billig oder edel. Und im Süden der französischen Hauptstadt findet man an der Porte Vanves einen Markt, wie man ihn auch in den schönsten romantischen Filmen sieht. Hier gibt es professionelle Antiquitäten- und Textilhändler, aber auch Privatleute, die einen Stand betreiben.

Wie könnte man den Frankfurter Flohmarkt hier einordnen? An Samstagen, wenn er am traditionellen Standort stattfindet, ist er irgendwie zwischen den Pariser Vorbildern an der Porte Vanves und Porte de Clignancourt angesiedelt. An den Osthafen-Samstagen wirkt er eher wie eine Mischung aus Montreuil und Clignancourt.

Der Frankfurter Flohmarkt ist seit Jahrzehnten ein Politikum. Traditionell ist er am Sachsenhäuser Mainufer angesiedelt, einem wunderschönen langgezogenen Ort, mit Bäumen, Flussblick und Promenade. Aber auch mit sehr vielen Anwohnern. Und als der politische Geist in Frankfurt einmal in die konservative Richtung ausschlug, sollte der Markt verbannt werden. Motto: Unser schönes Ufer darf nicht den Schmuddelkrämern gehören. Darüber gab es Debatten und sogar Demonstrationen, gleichzeitig wurde der Marktbetrieb auch noch privatisiert, damit war die Debatte also auch noch im Ideologischen angekommen.

Dazu kam, dass die damals angebotenen Ersatzorte völlig unromantisch waren oder ganz weit draußen lagen: der Parkplatz der Eissporthalle zum Beispiel oder der ehemalige Schlachthof, in dem es noch immer streng roch, besonders für Vegetarier ein ziemlich unmöglicher Ort. Auch der Rebstock-Park ganz im Westen der Stadt war in der Auswahl.

Diese Ersatzorte wurden alle ausprobiert, bis man zu einem Kompromiss kam und den zweiwöchentlichen Wechselrhythmus einführte. Mit der Privatisierung haben sich mittlerweile eigentlich alle abgefunden. Die beauftragte Firma überwacht sehr professionell den Zeitpunkt des Marktendes, sodass sich die Anwohner in Sachsenhausen auch ganz gut darauf einstellen und mit dem Flohmarkt arrangieren können.

Für eingefleischte Frankfurter Flohmarktgänger war aber der Samstag, der nicht am Mainufer stattfand, buchstäblich ein »No-Go«. Da geht man nicht hin. Heute ist der Markt an diesen Tagen aber in der Lindleystraße im Ostend zu Hause, und drum herum gibt es auch zahlreiche Kneipen und Läden. Man ist also weder im Slum noch in der Brachlandschaft, und das tut dem Markt ganz gut. Es funktioniert demnach, und wir können jedem Trödel-Interessierten nur zuraten, auch einmal dorthin zu gehen. Schöner ist es natürlich immer noch an den Main-Flohmarkttagen.

GRUND NR. 64

Weil ein Natursee mitten in der Stadt immer alle überrascht

Eisvögel und Kormorane, Libellen, Wasserschildkröten und Muscheln. Sie alle sollen auch mitten im Frankfurter Ostend zu Hause sein. Gesehen habe ich die, ehrlich gesagt, noch nicht, aber das erstaunlichste Naturbiotop Frankfurts kann jeder betrachten. Der Schwedlersee ist eine Traumoase mitten im Osthafen.

Man gelangt zum öffentlich zugänglichen Privatsee über die Lindleystraße. Wenn man von der Hanauer Landstraße kommend am Alfa-Romeo-Haus abbiegt, die Diskothek Adlib links liegen lässt und dann die Straße überquert, sieht man schon die Wasserschutzpolizei in einem modernen Bürogebäude. Überall Stahl, Glas und Beton.

Doch die vielfältige Naturidylle ist gerade mal 15 bis 20 Meter entfernt. Ein Tor im Zaun, darüber prangt ein vergilbtes Gaststättenschild, das uns verrät, dass wir am Vereinsbad Schwedlersee sind. Einige Schritte den Abhang hinunter, und schon ist man auf Höhe des Wasserspiegels und sieht um sich herum nur noch Grün. Das Wasser sieht zwar trübe aus, es handelt sich aber um das Grundwasser der Stadt Frankfurt, es ist also gut. Und besonders gut ist es zum naturnahen Schwimmen.

Wer das tun will, braucht zweierlei: eine sehr große Liebe zur Natur, denn für Warmbadetags-Schwimmer im desinfizierten Stadtbad ist das hier nichts. Hier zu schwimmen ist wirklich nichts anderes, als im Sommer im See in Norwegen oder im Allgäu zu baden. Und zweitens braucht der potenzielle Schwimmer aber auch eine Mitgliedschaft, die ungefähr so viel kostet wie anderthalb Kinotickets. Man muss allerdings rechnen, dass man die Mitgliedschaft auch in den kalten Monaten bezahlen muss, wenn das Vereinsbad am Schwedlersee geschlossen ist.

Dennoch: Der Deal ist grandios. Kostenlos ist der Eintritt für Leute, die nur in der Gastwirtschaft einkehren wollen. Hier ein Bierchen in der Natur zu genießen ist richtig schön. Keine zehn Minuten mit dem Rad von der Zeil entfernt wartet die geballte Ladung Natur.

Zu verdanken haben die Frankfurter dieses Kleinod einer Fehlplanung. Als Frankfurt seinen Hafen zuerst in den Osten verlegte und dann Anfang des 20. Jahrhunderts erweiterte, plante man das neue Nordbecken des Osthafens zu groß. Im hinteren Teil hatte man schon ein sehr großes Loch ausgehoben, das schnell mit Grundwasser zugelaufen war. Doch dann war Schluss mit dem Ausbau, und Frankfurt hatte einen See.

Seit 1921 ist der Schwedlersee Vereinseigentum des »Ersten Frankfurter Schwimmclubs von 1891«, und der managt das Kleinod sehr behutsam. Richtig überlaufen ist es eigentlich nie, höchstens ab und an, wenn nachts DJs auflegen, dann hat Frankfurt eine Party im Wald. Sehr urig.

GRUND NR. 65

Weil die Insel satt macht

Darf's mal ein bisschen deftiger sein? Und darf die Portion auch mal ein wenig größer sein? Und das alles im völlig authentischen Industrie-Ambiente? Wenn Sie das mögen und auch mal mit einem echten Trucker ins Gespräch kommen wollen, dann sind Sie in der Gaststätte zur Insel richtig.

Ja, Frankfurt hat ein echtes Hafengebiet, und Frankfurt hat einen richtigen Containerhafen. Nur ist das alles sehr viel kleiner als anderswo. Der Frankfurter Osthafen soll gerade mal der zehntgrößte Binnenhafen Europas sein. Also Spitze sind wir hier nicht. Und das in anderen Städten wie Hamburg so romantisierte Hafenleben ist eigentlich auch nur auf diese eine kleine Kneipe in der Schmickstraße Nummer 16 konzentriert.

Die Adresse markiert ziemlich genau eine virtuelle Grenze im Osthafen: Auf der einen Seite sind die Container, auf der anderen Seite der Abfall. Müllsortierer, Aktenvernichter und Recycler haben östlich des alten Bunkers aus Nazizeiten ihre Hallen, westlich davon ist der etwas sauberere Container-Umschlagplatz. Und neben der Insel ist heute der Musikbunker, dessen Umbau zur Heimstätte von Künstlerateliers und zum Institut für neue Medien etliche Architekturpreise abgeräumt hat.

Und hier können wir uns schon denken, warum die Insel ein so interessanter Ort ist. Weil tatsächlich Künstler und Digital-Wissenschaftler hier einkehren und gemeinsam mit den Lastwagenfahrern und Müllwerkern das Jägerschnitzel (mit Bratkartoffeln und Salat zu 7,80 Euro) über den Tellerrand ragen lassen. Schnitzel überm Tellerrand, Erlebnisse über dem Tellerrand dessen, was sonst dem eigenen Horizont entspricht – das geht hier aber leider nur werktags zwischen acht und 22 Uhr.

Dafür darf man aber auch schon um halb neun morgens in die etwas modrig riechende, aber herzlich geführte Baracke eintreten und eine Flasche Bier aus dem Kühlschrank nehmen. Dazu vielleicht ein Bauern-Omelette (6,20 Euro), das den Normalsterblichen für ganze 24 Stunden satt macht.

Klar, dass dieses urige Ambiente, das man in einer Banker-Stadt wie Frankfurt gar nicht erwarten würde, in vielen TV-Produktionen zu sehen war: Für *Tatort* und *Ein Fall für zwei* wurde hier schon mehr als einmal gedreht. Und neuerdings ist Inhaberin Zehra auch sehr offen dafür, die Kneipe für private Feiern zu vermieten, an ihren freien Wochenenden. Das etwas andere Erlebnis. Der Jugendsender planet radio hat in der Insel sogar schon einmal seine Weihnachtsfeier abgehalten, einfach nur, um hip zu sein.

GRUND NR. 66

Weil das Sudfass eine Ära geprägt hat

Es wirkt wie ein Relikt aus einer anderen Zeit. Aber Frankfurt hat lange um das Sudfass gestritten. Es war eines der ersten Bordelle, die in der Lokalpresse als Ausweis von Fortschrittlichkeit und Weltoffenheit galten. Geschichten über Mick Jagger, deutsche Showstars und Politiker machten unter der Hand die Runde. Niemand weiß, wie wahr sie alle sind.

Direkt an der Flößerbrücke, am Nordufer des Mains, residierte das Sudfass, das sich im Jahr 2013 in Abwicklung befindet. Genau hier, an der Schnittstelle zwischen Innenstadt und Ostend, bildeten ein paar Häuser ein eigenes Sperrgebiet. Das bedeutet, dass in diesen Gebäuden Prostitution legal war. Eine Stadt muss einen Teil ihrer Fläche als Sperrgebiet ausweisen, sonst meckern die Gerichte und untersagen der Stadt, dass sie überhaupt bestimmen darf, wo Prostitution legal ist und wo verboten. Und weil der Kaufmann Dieter Engel höchst geschickt mit Verwaltung und Politik umging, durfte er hier einen Edelpuff betreiben. Die Stadt war froh, dass die Prostitution aus der Schmuddelecke herauskam und damit scheinbar dem kriminellen Milieu entzogen worden war.

Gefeiert wird dieses Haus heute immer noch. So widmet der Schriftsteller und Drehbuchautor Peter Zingler dem Sündenpfuhl ein ganzes Buch und viele Lobpreisungen. Der Grimme-Preisträger forderte sogar in der Frankfurter Neuen Presse, das Etablissement solle Museum werden: »Das ist ein Frankfurter Kulturdenkmal … es ist meiner Meinung nach bekannter als das Goethehaus.« Nun ja, es blieb einfach ein Bordell.

Als einmal eine Frankfurter Stadtregierung die Zügel anzog und Angst hatte, die Verwaltung würde sich der »Förderung der Prostitution« schuldig machen, wurde verfügt, dass im Sudfass kein Alkohol mehr verkauft werden durfte. Selbst seriöse Tageszeitungen stimmten ein Trauerlied an, nach dem Motto: »Was sollen internationale Gäste denken, wenn sie nicht einmal mehr Champagner im Sudfass bekommen.« Der zugegeben etwas kläglich dastehende Cola-Automat im Etablissement wurde zum angeblichen Zeichen der Provinzialität.

So ganz sind die Zeiten nicht vorbei, dass Bordelle als Aushängeschild für vermeintliche Weltoffenheit gelten, aber im Frankfurter Ostend sind sie definitiv vorüber. Schließlich befinden sich die besagten Häuser direkt an der Zufahrtsstraße zur neuen Europäischen Zentralbank. Und auf dem Weg zur Euro-Rettung will man nun doch nicht so einen Schandfleck sehen. Wie sich die Zeiten ändern! Vielleicht war die alte Zeit der Verherrlichung des Sudfasses ja doch ehrlicher als die heutige.

Weil Oosten und Oost-Bar sich bekriegen

Es ist ein Krieg der »Doppel-Os«. Er amüsiert die Frankfurter und nervt die betroffenen Gastronomen. Die Konstellation lautet: »Der Oosten« gegen die »Oost Bar«. Wir sehen schon, hier haben kreative Marketingexperten vielleicht einfach unabhängig voneinander ein und dieselbe Idee umgesetzt: das Wort Osten, das in Frankfurt durch die gelungene Stadtentwicklung plötzlich eine positive Bedeutung bekommen hat, zu verfremden und es durch das zweite »o« ein klein wenig besser erinnerbar zu machen.

Hmm. Wer hat's erfunden? Es scheint, dass der Gastronom Thomas Klüber, ein überaus kreativer Kopf, der praktisch nur interessante Bars und Restaurantprojekte entwickelt, zuerst die Idee hatte und seine Bar »Der Oosten« nannte. Und dann kam Ardi Goldman, ebenfalls ein überaus kreativer Kopf, der ebenfalls nur interessante Bars und Restaurantprojekte entwickelt. Er nannte seine neue Bar im Anbau des Goldman-Hotels »Oost Bar«.

Doof ist natürlich, dass die Taxifahrer und auch viele Gäste verwirrt sind. Schon etliche Verabredungen meiner Bekannten führten zu Missverständnissen, weil man in unterschiedlichen Bars aufeinander wartete.

Dabei sind die beiden Locations relativ verschieden. Das Oosten ist praktisch ein cooles Ausflugslokal am Mainufer. In der historischen Ruhrorter Werft steht der Neubau im Glas- und Stahldesign, der sich eng an einen alten Industriekran anschmiegt. Auf drei Stockwerken findet der Gast unterschiedliche Bars und Restaurants für einfache, aber originelle Speisen.

An Sonnentagen hier an Biertischen zu sitzen ist echt schön. Viele radeln am Wochenende hierher, an Sonntagen gibt es oft auch ein DJ-Programm. Aber auch drinnen kann es sehr angenehm sein. Wenn im Herbst oder Winter der Sturm wütet und man durch die großen Glasfenster auf den Main oder die EZB schaut, hat das etwas. Wir sind in einer Natur- und Altindustrie-Atmosphäre und das ganz in der Nähe der City. Ein gelungener Gastronomie-Tempel und ein prima Anlaufpunkt für Besucher des neuen Hafenparks. Übrigens: Es gibt auch Bänke im Außenbereich des Oosten, an denen man ohne Verpflichtung, etwas zahlen zu müssen, sitzen kann.

Die Oost-Bar ist ganz anders. Es ist die neue coole, vielleicht etwas zu dunkel beleuchtete Bar des Hotels Goldman 25hours am Anfang der Hanauer Landstraße. Sie ist wesentlich interessanter als die meisten Hotelbars, aber weniger etwas für den gepflegten Ausflug, sondern eher etwas für Nachtschwärmer, die einen professionell gemixten Drink suchen.

Also, ein kleiner Sturm im Cocktailglas in Frankfurts Barszene. Bitte aufpassen, wenn Sie sich verabreden wollen. Oosten versus Oost-Bar.

GRUND NR. 68

Weil Frankfurt Platz für den besten Skate- und Spielpark hat

Wer in den Hafenpark neben dem Neubau der Europäischen Zentralbank kommt, der wird erstaunt sein. »Wow, ist das gut gemacht«, sagt fast jeder. Und vor allem ist dieser Sportpark so gestaltet, wie es sonst nicht üblich ist. An den Bedürfnissen orientiert und kostenlos zugänglich.

Ins Auge springen sofort die Gitterkäfige, die zwei Fußball-Kleinfelder enthalten, und – weiter hinten – noch einmal zwei Käfige mit Basketballfeldern. Hier wurde wohl der Ruf des Deutschen Fußball-Bundes erhört, dass wir mehr Straßenfußballer brauchen. Ganz ohne Vereinszugehörigkeit und ohne eine andere Organisation kann man hier kicken oder Bälle in den Korb werfen.

Auf der einen Seite das Mainufer, auf der anderen Seite das Hochhaus der EZB. Wie eine erhabene Felswand wirkt das bis zur Spitze 201 Meter hohe Gebäude, und man kann nicht anders, als einmal ehrfürchtig an der Fassade nach oben zu blicken. Neben den Bolzplätzen erfährt der gute alte Trimm-dich-Pfad aus den Siebzigerjahren eine Wiederauferstehung. Wobei die Geräte irgendwie ein bisschen Hightech-mäßiger aussehen.

Aber das Herzstück der Anlage ist eine BMX- und Skateanlage der Extraklasse, genannt »Concrete Jungle«. Zwar meckern einige Skate-Profis, dass der Schwierigkeitsgrad nicht hoch genug sei, aber wer einmal an einem Wochenende vorbeischlendert, sieht, wie groß der Zuspruch der jungen Skate-Freaks ist. Auch etliche originelle Graffiti sehen wir hier. Das sind Stellen in der Stadt, an denen die bunten Kunstwerke gut hinpassen.

Irgendwie wirkt es so, als ob hier Stadtplaner sich einmal wirklich Gedanken gemacht haben und diese auch umsetzen durften. So, wie sie sich das vorstellen. Dabei galt das Areal eher als Problembereich. Viel Lärm von oben durch Flugzeuge im Anflug auf den Airport und von der Seite durch Lastwagenverkehr auf der neuen Honsellbrücke verbieten den Bau von Wohnungen. Und so verkündete die zuständige Dezernentin Rosemarie Heilig im Interview mit der Frankfurter Rundschau: »Wenn es eh schon laut ist, dann können wir hier auch Sportangebote verwirklichen, die sonst in Frankfurt keinen Platz finden.«

Und die Planungen gehen noch weiter: In den kommenden Jahren soll der Grüngürtel um Frankfurt geschlossen werden. Dafür plant die Stadt neben der Eisenbahntrasse, über die die ICEs in Richtung Norden und Berlin wegrauschen, eine langgezogene Plattform mit Begrünung. Das kann man sich ungefähr so vorstellen wie die Highline in New York. Eine grüne Verbindung zwischen Ostpark und Mainufer, im ersten Stock über der Stadt. Jogger, Spaziergänger, Radfahrer und Hundeausführer würde es bestimmt begeistern. Frankfurt hätte dann einen geschlossenen Gürtel mit

Parks und Grünflächen, auf denen man 75 Kilometer lang laufen kann. Aber ob diese Planungen, genannt »Ebene plus 1«, auch umgesetzt werden, bleibt abzuwarten. Einzigartig und aufregend ist der neue Hafenpark schon jetzt.

GRUND NR. 69

Weil das Lindenberg seine Türen allen aufmacht

Wie man wohnt, wie man wohnen will, wie man wohnen kann, das verändert sich ständig. Und ganz besonders gilt das dafür, wie man in der Fremde wohnt. Zum Beispiel, wenn man gerade eine neue Arbeitsstelle angenommen hat und auf einem sehr dichten Wohnungsmarkt nur langsam das Richtige findet. Oder aber man wohnt werktags in Frankfurt und fährt am Wochenende immer wieder heim zu seinen Liebsten. Während solcher Lebensphasen im Hotel zu residieren, ist nicht jedermanns Sache.

Eigentlich ist es niemandes Sache, so lange in einem Hotel zu wohnen, glaube ich. Weil diese Art des Lebens durch unsere heutige Arbeitswelt aber immer mehr Menschen betrifft, braucht es neue Wohnformen. Vielleicht sogar auch Wohnformen, die über die möblierte Wohnung hinausgehen und ein etwas kommunikativeres Leben ermöglichen.

So ungefähr kann man die Vision von Steen Rothenberger und seiner Familie beschreiben, die sie veranlasste, das Lindenberg zu gründen. Die Familie war über zwei Generationen in der Metallindustrie zu Wohlstand gekommen und setzt nun ihre Arbeitskraft, aber auch ihr sensationelles Stilempfinden ein, um Immobilien neues Leben einzuhauchen. Kein Hotel, aber auch keine abgegrenzten Wohnungen. Circa zehn Zimmer beziehungsweise Suiten, jeweils mit eigenem Bad und allen Annehmlichkeiten. Dazu eine Gemeinschaftsküche – für Hobbyköche, die Privatwerkzeug mitbringen, gibt es auch abschließbare Fächer –, in der man kommunikativ den Tag ausklingen lassen kann. Aber man kann auch das Voll-Versorgungsprogramm buchen und sich professionell bekochen lassen.

Genau das setzten die Rothenbergers in einer wunderschönen Gründerzeitvilla im Ostend um. Außerdem gibt es in dem denkmalgeschützten Kleinod auch noch einen Fitnessraum und ein Kino im Keller inklusive Bar. Das Konzept zieht viele sogenannte Young Professionals an, die in den Werbeagenturen arbeiten oder sich in einer der Business-Schulen in Frankfurt weiterbilden. Weitere Lindenbergs sind geplant.

Wenn Sie aber nun das »Pech« haben, in Frankfurt bereits eine Wohnung zu haben, können Sie dann gar nicht teilhaben an dieser schönen neuen Welt des Großstadtlebens? Doch. Der offene Barabend immer am ersten Donnerstag im Monat ist eine feste Größe. Und für den mittwöchlichen Kinoabend darf man sich anmelden. Hier ab und zu vorbeischauen lohnt sich. Adresse: Rückertstraße 47.

GRUND NR. 70

Weil der Osten aber immer noch »rough« ist

Bei allen Lobpreisungen über das Ostend sollte nun aber kein Missverständnis aufkommen. Wir haben es hier nicht mit der neuen Wohlfühloase zu tun. Das Ostend ist immer noch eckig, kantig, schmutzig. Es hat immer noch seine Schmuddelecken, und an vielen Stellen ist es megalaut. So gehen zum Beispiel in einigen der schicken Loft-Gebäude, in denen heute luxuriöse Wohnungen zu finden sind, die Fenster zum Hafengelände gar nicht zu öffnen. Der Lärm wäre unerträglich.

Zu laut schallt es wochentags von dort herüber. Im Hafen wird echt gearbeitet, es wird geschuftet, Müll wird sortiert, Container werden rumpelnd verladen, geleert, gestapelt. Und dann gibt es auch noch den Safety-Port. Das ist eine speziell gesicherte Ladehalle für Gefahrgut. Jede Stadt einer bestimmten Größe muss so einen Platz ausweisen, und dann gilt die Regel, dass im Umkreis von 1,5 Kilometern keine Wohnungen gebaut werden dürfen.

Diese Halle ist direkt neben dem naturnahen Schwedlersee. Klar, dass der Safety-Port einer wirklichen Entwicklung im Wege steht. Ist das gut, oder mögen wir das nicht? Ein spontanes Urteil fällt schwer. Es wirkt irgendwie wie eine Garantie gegen vollständige Gentrifizierung. Wenn klar ist, dass, solange der Safety-Port nicht verlagert wird – und es wäre schwer, auf Frankfurter Stadtgebiet einen Ausweich-Standort zu finden –, das Ostend nicht vollständig von Yuppies und Reichen übernommen werden kann, dann ist es vielleicht ein Segen, dass wir die Gefahrgüter haben.

Und so lange wird es auch so herrliche Initiativen wie den Stadtgarten am Platz vor dem Ostbahnhof geben. Wo die Grün-Aktivistin Daniela Cappelluti mit 15 Mitstreitern auf dem Areal, das niemanden interessierte, einen Garten angelegt hat. »Urban Gardening« nennen sie das, mittlerweile sogar toleriert und zaghaft unterstützt von der Stadt. Der Osten bleibt rau, auch wenn die Banker einen Teil übernehmen.

Naherholung ganz nah: Frankfurt hat seinen Main wiederentdeckt

Kapitel 8

FRANKFURTS FREIZEIT

Der kleine, tägliche Urlaub

GRUND NR. 71

Weil Frankfurt am Main liegt

Frankfurt hat seinen Fluss wiederentdeckt. Und genau das macht ein gutes Stück der neuen Lebensqualität von Frankfurt am Main aus. Übrigens: Der offizielle Namen der Stadt ist das komplette »Frankfurt am Main«. Der Fluss ist also elementarer Bestandteil der Metropole, was leider eine lange Zeit in Vergessenheit geraten war.

Es gibt sogar Frankfurter, die noch einen Schritt weiter gehen und von »Frankfurt am Meer« sprechen. Das soll die Schönheit des Flussufers noch stärker betonen.

Aber hallo: Am Main ist es wirklich sehr schön. Und das Beste ist, dass man nicht unbedingt ein dickes Portemonnaie braucht, um hier Spaß zu haben. Gar kein Geld ist vonnöten, wenn man einfach nur joggen will oder auf den Wiesen herumliegen. Etwas teurer ist es, eine Getränkedose bei einem der Händler zu kaufen, die per Fahrrad unterwegs sind. Einige vermieten auch Strandliegen. Die gibt es hauptsächlich in östlichen Gefilden (in Richtung Offenbach!). Das liegt daran, dass man von hier in der Dämmerung einen sensationellen Blick auf die Skyline hat. Ein, zwei Drinks genommen und in den Sonnenuntergang geblickt, der sich in den Hochhausfassaden spiegelt – das kann nun wirklich keine andere Stadt in Deutschland bieten.

Davor oder danach kann man ja mal am Döner-Boot vorbeischauen und eine Teigtasche mit Fleisch, Knoblauchsoße und »bisschen scharf« zu sich nehmen. Dafür muss man auch gar nicht den festen Boden unter den Füßen verlassen. Ramiz Meral bereitet seine Speisen auf dem Boot zu, hat zwischen Eisernem Steg und Untermainbrücke angelegt und verkauft seine Döner vom Schiff aus.

Wer lieber die geordnete Gastronomie bevorzugt, hat auch verschiedene Möglichkeiten. Das Maincafé, ungefähr auf Höhe des Museums für Kommunikation, bietet einfache Biertische unter

Schirmen am Ufer. Getränke holt man selbst am Tresen ab. Am Eisernen Steg in der Strandperle geht es schon etwas szeniger zu. Hier findet man auch Longdrinks oder kleine Speisen.

Richtig gediegen am Mainufer sitzt man am Nizza. Das ist an der Frankfurter Mainufer-Seite, ungefähr auf Höhe von Oper und Schauspiel. Im Volksmund heißt das Areal schon immer »Nizza«, weil es so mondän wie an der Côte d'Azur aussehen soll. Na ja, so hat sich der Frankfurter vor 100 Jahren halt die französische Stadt Nizza vorgestellt. Vor einigen Jahren hat das Bankhaus Metzler hier den Gastronomiebau neu errichtet, er ist entsprechend edel ausgestattet. Und die Gastronomie ist hochpreisig, aber wir sind ja tolerant, so etwas muss es in Frankfurt auch geben.

Ein Problem hatten die Metzlers aber, wie kolportiert wird: Bei der Auswahl der Pächter für das Restaurant wollte Seniorchef Friedrich von Metzler stets das letzte Wort haben. Und dann schaute er jeweils in die Polizei- und Schufa-Unterlagen der Gastronomen, die sich beworben hatten. Nun ist es ein offenes Geheimnis, dass viele erfahrene Gastronomen den einen oder anderen Eintrag im Zeugnis haben, der im normalen Geschäftsleben eine sofortige Kündigung nach sich ziehen würde. Zahlungsverzögerungen, Insolvenzen, Streitigkeiten mit betrunkenen, manchmal sogar gewalttätigen Gästen. Ein Wirt darf nicht zimperlich sein. Die seiner Meinung nach schwarzen Schafe hatten keine Chance bei Herrn von Metzler, und so bekamen nur langweilige Gastronomen den Zuschlag.

Die waren aber alles andere als erfolgreich. Erst nachdem das Bankhaus das Gebäude komplett abgab, ist die Gastronomie in kompetenter Hand. Ein Banker kann halt nicht unbedingt ein Restaurant führen, das hat man hier wieder gesehen.

Aber Frankfurt ist nicht nur »am Main«, sondern auch ab und zu auf dem Main. Die TV-Blondine Gina-Lisa Lohfink betreibt nämlich ein Partyboot. Das passt ja wie die Faust aufs Auge! »Zum Bootsführerschein bin ich auch schon angemeldet«, verkündete sie zur Vorstellung. Wer denkt, man sollte vielleicht zuerst den Führerschein machen und dann eine Dienstleistung anbieten, der kennt Gina-Lisa schlecht. Sie lässt machen und ist dann ab und zu als Zusatz-Anreiz mit auf dem Boot. Immerhin textet ihr Geschäftspartner am Eröffnungstag süffisant auf der Homepage: »Während der Geldadel dieser Welt in steueroptimierte und windige Schiffsfonds investiert, steigt Gina-Lisa ins grundsolide Partyboot-Geschäft ein.« Da der Preis für das Schnellboot recht hoch ist, gucken die meisten Frankfurter einfach nur zu, wie das Partyboot zwischen den Brücken hin und her düst und Wellen schlägt.

Geruhsamer und sehr gesellig ist es hingegen auf dem Main-BBQ. Bis zu neun Personen passen in das runde Gummifloß. Dann sitzen sie direkt am raucharmen Grill und genießen Leckereien und den Skylineblick.

Das alles sind originelle Ideen, die Frankfurter sehr innovativ umgesetzt haben. Aber es gibt auch noch das gute alte Tretboot, das in 30-Minuten-Intervallen mietbar ist. Damit rumschippern und die Schwäne erschrecken ist auch eine herrliche Sache im Sommer. Und man bekommt das echte »Mainfeeling«.

GRUND NR. 72

Weil das Café Exzess wie ein Punk-Museum wirkt

Es soll ja Menschen geben, die denken, in Frankfurt gibt es nur Banker in Anzügen und Damen in Rüschenblusen. Sie treffen sich in sündhaft teuren Bars, schlürfen Champagner oder einen Hugo und planen wieder die nächsten Coups der Finanzwirtschaft – ohne Skrupel und voller Eigennutz. Na ja. Eine solche Szene gibt es natürlich in Frankfurt, aber es gibt auch ganz normale Leute, und es gibt eine Szene, die man als das komplette Gegenteil ansehen könnte.

Im Café Exzess im westlichen Stadtteil Bockenheim sind sie zu Hause: die Post-Punker, die Antifa und linke Aktivisten aller Couleur. Wer hier einmal zu einem Konzert geht, wird sich wundern, wo so viele schwarz und demonstrativ abgerissen gekleidete Leute herkommen können. Locker reisen dann rund 2.000 Punker an, die man sonst im Stadtbild kaum zu sehen bekommt.

Aber die Halle ist auch ein Erlebnis: Von außen wirkt das Exzess nämlich sehr unscheinbar. Eine flache Front, viel Graffiti, man meint, es sei nur ein kleiner, heruntergekommener Laden. Aber das ist nur das Foyer, dahinter tut sich eine riesige Halle auf. Und dieses Bauwerk hat eine höchst interessante Tradition.

Im Archiv des Deutschen Filmmuseums findet sich der geschichtliche Abriss: »Ein besonderes Gebäude liegt in Bockenheim zwischen Mühlgasse, Friesengasse und Leipziger Straße. Seit 1798 steht an diesem Platz ein Gasthaus. 1878 wurde an der Straßenfront ein Neubau errichtet, 1893 ein bis zur Mühlstraße reichendes Gebäude mit (Tanz-)Saal und Kegelbahn. 1907 sprach dort der SPD-Vorsitzende August Bebel vor rund 8.000 Menschen. 1914 bis 1918 zum Lazarett umgewandelt, beherbergte das Gebäude 1922 bis 1966 ein Kino, die Schwanenlichtspiele. Im Zweiten Weltkrieg war es Luftschutzbunker. 1966 bis 1986 wurde im Gebäude eine Großbäckerei betrieben.«

Heute werden kleinere Brötchen gebacken. Zumindest an den meisten Tagen des Jahres, wenn keine Großkonzerte anstehen. Die »Dramatische Bühne«, ein sehr feines, unabhängiges Theaterensemble, spielt hier regelmäßig. Ansonsten gibt es dienstags den »Antifa-Jugendtreff«, und unregelmäßig findet das »Café Antisistema« statt.

Im Oktober zieht dann die »Gegenbuchmasse« in die verfallenen Gemäuer ein. Das ist ein Zusammenschluss von kleinen linken, vielleicht auch linksextremen, Verlagen, die während der großen Frankfurter Buchmesse ihre Gegenveranstaltung durchführen. Vielleicht können oder wollen sie auch einfach nicht die teuren Standgebühren der weltgrößten Bücherschau bezahlen.

Natürlich kann man unterschiedlicher Meinung sein über ein Gebäude, das im Stil eines besetzten Hauses verwaltet wird. An vielen Stellen wirkt es sogar baufällig. Aber, ganz ehrlich, ich fühle mich in Frankfurt ein ganzes Stück wohler, weil ich weiß, dass auch diese Szene in meiner Stadt ihren Platz hat. Sie wird toleriert und hat einen Freiraum.

GRUND NR. 73

Weil Frankfurter unkonventionelle Stadtführungen anbieten

Eine Stadtführung buchen, das machen doch nur Touristen! So die landläufige Meinung. Doch in Frankfurt hat sich ein Trend etabliert, der höchst erstaunlich ist. Die Frankfurter selbst wollen ihre Stadt kennenlernen. Christian Setzepfandt war ganz normaler Stadtführer in Frankfurt. Er hatte Industriedesign und später Englisch und Kunstgeschichte studiert, war in Indonesien und an vielen anderen Ecken der Welt unterwegs gewesen. Aber immer nur Chinesen oder Texaner über den Frankfurter Römerberg ins Apfelweinviertel zu lotsen war für Setzepfandt zu wenig. Er liebt die Stadt, ist auch ehrenamtlich stark engagiert (zum Beispiel in der Aids-Hilfe), so entstand ganz folgerichtig und logisch die Idee, Stadtführungen für Frankfurter anzubieten.

Mittlerweile gibt es im Rahmen der »Frankfurter Stadtevents« nicht nur Führungen, auch Kurse und Workshops werden angeboten, aber der interessanteste Teil, das sind die geführten Referate. Sie kosten für die Teilnehmer 12 oder 13 Euro und beinhalten zusätzlich fast immer ein Getränk oder ein anderes Geschenk, das der Teilnehmer am Ende bekommt. Einige Führungen werden auch von Autoren, die Bücher über Frankfurt geschrieben haben, angeboten. Bei diesen Veranstaltungen ist oft der Preis etwas höher, dafür gibt es dann das jeweilige Druckwerk inklusive.

Einige der Themen klingen recht normal wie »Messe Inside – Hinter den Kulissen der Frankfurter Messe« oder »Hauptfriedhof Frankfurt – Gräber erzählen Geschichte«. Aber schon eine Führung unter dem Titel »Frankfurt, Green City – Frankfurts ›grüne‹ Architektur & Passivhäuser« zeigt, dass Setzepfandt und sein Team sich sorgfältig Gedanken machen, welche Facette der Stadt andere Bürger interessieren könnte. Man kann auch in fremde Szenen eintauchen, zum Beispiel bei »Schwules Frankfurt – Eine Stadt bekennt Flagge« oder »Bahnhofsviertel Spezial – Frankfurter Rotlicht, Lifestyle & Orient«. Geschichtlich und literarisch geht es zu bei »Siegfried Kracauers ›Ginster‹ – Die Führung durch Frankfurt zum Roman« oder »Rosemarie Nitribitt – Auf den Spuren der Frankfurter Edelhure«. Oder darf's etwas Wissenschaftliches sein? »Medizingeschichte Frankfurt – Von Theriak & Kaiserschnitt« ist im Angebot. Mittlerweile hat Setzepfandt dutzendweise Mitarbeiter, die kompetent referieren.

Gebucht wird ganz einfach online über die Homepage, und Treffpunkt ist dann 15 Minuten vor Führungsbeginn vor Ort. In einer Gruppe von 10 bis 20 Leuten läuft man dann zu den Sehenswürdigkeiten.

Dabei geht es übrigens nicht immer nur hochintellektuell zu. Auch die Führung »High Heels & High End – Mode, Shopping & Lifestyle in Frankfurt« durch die Edel-Shoppingmeilen rund um die Alte Oper hat sehr viel Zulauf. Frankfurt entdeckt sich selbst.

GRUND NR. 74

Weil Frankfurt ein Weingut hat – mit Ausblick

Der Rheingau ist mitten in Frankfurt. Ja, genau, der Frankfurter Lohrberg, im Osten der Stadt gelegen, ist offiziell der östlichste Teil des Weinanbaugebiets Rheingau. Hier wächst auf 1,3 Hektar (also nicht groß) ein Riesling, der zu 100 Prozent frankfurterisch ist.

Der Lohrberger Hang ist Teil des städtischen Weinguts, das auch außerhalb Frankfurts – in Hochheim – Flächen besitzt. Dort wachsen auch andere Rebsorten wie Chardonnay oder sogar, dem Klimawandel sei Dank, Cabernet Sauvignon. Frankfurt ist ja eigentlich bekannt für seine Apfelweintradition. Allerdings wäre es schon ein wenig seltsam, wenn ein offizieller Gast der Stadt als Geschenk eine Flasche Apfelwein überreicht bekommen würde. Der Wert so einer Flasche läge ungefähr bei 2,30 Euro. Das überreicht man nicht als Geschenk. So ein echter Riesling, der macht schon eher etwas her!

Wie es die Stadt allerdings geschafft hat, dass sie im Jahr 2006 sogar einen offiziellen FIFA-Fußball-WM-Riesling abfüllen durfte, ist mir bis heute schleierhaft. Eigentlich hat die FIFA ja sehr strenge Sponsorenverträge, die auf örtliche Produkte kaum Rücksicht nehmen.

Zu kaufen gibt es die Frankfurter Tropfen im Römer. Am südlichen Seiteneingang befindet sich die Verkaufsstelle. Der Wein ist gut trinkbar und ein echt originelles Mitbringsel.

Übrigens: Der Lohrberg selbst ist nicht nur für Weinfreunde einen Ausflug wert. Aus der Höhe über der Stadt blickt man auf Frankfurt, ganz so wie wir es in amerikanischen Filmen in Los Angeles sehen. Der Blick von den Hollywood Hills über L.A., der ist genauso wie der Blick vom Lohrberg nach Frankfurt! Wer's nicht glaubt, sollte selbst hinfahren.

Nur eine Feinheit muss der Frankfurter beachten: Ab Spätsommer (Ende Juli) sollte er am Lohrberg nur noch spazieren gehen und sich nicht mehr auf den einladenden Rasenflächen zum Sonnenbaden hinlegen. Es scheint aber auch zu verlockend, weil die Wiese so schön aussieht, aber gleichzeitig ziemlich menschenleer ist.

Die Leere hat einen Grund, und der heißt »Neotrombicula autumnalis« – eine Grasmilbe, die im Spätsommer besonders im Frankfurter Norden heimisch ist. Ein gemeines Jucken setzt schon einige Stunden nach dem Befall ein und kann etliche Tage anhalten. Also, einfach am Lohrberg nur spazieren gehen, Weinberge anschauen, dann bleiben die Erinnerungen an den Ort nur positiv. Und zu Hause dann einen gekühlten Riesling von Lohrberger Hand aufmachen.

GRUND NR. 75

Weil die Kleinkino-Kultur überlebt hat

Blicken Sie mal in die Augen eines Filmemachers, der ins Frankfurter Kino Mal Seh'n (80 Plätze) kommt. Sie strahlen. In der Adlerflychtstraße im Stadtteil Nordend kommt ein klein wenig Schwabing-Feeling auf. Denn Schwabing in München steht ja für viele Dinge, die heute mit Lebensqualität assoziiert werden, aber ganz besonders für Kino. Und zwar für Kino abseits der großen Filmpaläste. Das Stadtteilkino.

Nun sind in Schwabing die Stadtteilkinos auch ziemlich groß. München ist halt eine echte Filmstadt mit entsprechend stolzer Tradition. Damit können wir uns in Frankfurt nicht wirklich messen. Aber dass es immer noch Stadtteilkinos gibt, dass sie Jahr für Jahr Preise erhalten und einfach vor Ort da sind, um Filmkunst und Kommunikation darüber aufrechtzuerhalten, das ist eine tolle Sache.

Frankfurt hat sogar drei außergewöhnliche Stadtteilkinos. Neben dem Mal Seh'n ist das die Harmonie am Lokalbahnhof in Sachsenhausen. Das Kino gehört zwar mittlerweile auch zur Familie eines Leinwand-Großkonzerns, wird aber unabhängig geführt, in der Art eines Independent-Lichtspieltheaters. Ein echtes Arthaus-Kino.

Und in Bockenheim findet sich das Orfeo's Erben. Das ist eine Art Mal Seh'n, nur größer. Besonders das angegliederte Restaurant. Hier kann man vollwertige Speisen bekommen – im Mal Seh'n nur

Kleinigkeiten plus Getränke. Tickets kauft man in beiden Kinos an der Theke. Im Programm gibt es viele Filme in Originalsprache mit Untertiteln.

Und vor allem kommen Filmemacher sehr gern in diese Kinos, wo sie das Gefühl haben, dass ihre Kunst verstanden wird. Manchmal arbeiten sie auch selbst in den Mini-Tempeln der Cineasten. Rosa von Praunheim hat zum Beispiel im Mal Seh'n für sein autobiografisches Werk *Praunheim Memories* einige Sequenzen gedreht. So verschmilzt Filmanschauen mit Filmerschaffen.

Und nicht nur in Frankfurts Stadtteilen wird Filmkunst hoch geschätzt. Auf der Zeil hat die Astor-Filmlounge eröffnet, die es zuvor auch schon in Berlin, Köln und München gab. Hinter dem Konzept steht der Gründer der CinemaxX-Kinogruppe Hans-Joachim Flebbe, der sich längst aus dem aktiven Geschäft der Großkinos zurückgezogen hat und nun edle Filmsäle baut. Das Konzept sieht sehr gemütliche Sessel vor, die problemlos auch in einem Wohnzimmer den Komforttest bestehen würden. Außerdem gibt es bis zum Beginn des Hauptfilms Getränkeservice, zum Beispiel kann man eine Flasche Rotwein vom Weingut des Hollywood-Regisseurs Francis Ford Coppola ordern.

Die Preise sind natürlich höher als in normalen Kinos, das Programm ist aber ähnlich. Nur dass der Gast bei einigen Filmen wählen kann, ob er über Funk-Kopfhörer die Originalsprache hören möchte.

Noch mehr Filmkunst gibt es im Kommunalen Kino, das heute im Untergeschoss des Deutschen Filmmuseums am Main residiert. Das Kino geht auf eine Idee des früheren Kulturdezernenten Hilmar Hoffmann zurück, der einer der kreativsten Kultur-Vordenker Deutschlands ist. »Kultur für ALLE« war damals der Kampfbegriff, der bis in die heutige Zeit nachwirkt. Und wahrscheinlich weil seit dieser Zeit in Frankfurt ein Gefühl für Filmkunst vorhanden ist, widmen sich auch einige andere Kinos wie Cinema, Eldorado oder die E-Kinos immer wieder sehr interessanten Filmen.

GRUND NR. 76

Weil die Bundesgartenschau nichts gebracht hat, außer den Niddawiesen

Frankfurt ist zwar eine grüne Stadt, aber als die Frankfurter Stadtpolitiker diese Hybris befallen hat, hätte man sie eigentlich alle für verrückt erklären müssen: »Frankfurt soll die Bundesgartenschau ausrichten!« Das war die Forderung, die auch durchgesetzt wurde.

1989 war es so weit. 185 Millionen D-Mark hat das alles gekostet und man hat nicht einmal 30 Millionen eingenommen. Puh, dabei kann man in Frankfurt doch sonst mit Geld umgehen! Bundesgartenschauen sollten einfach von Städten mit Blumentradition ausgerichtet werden. Die früheren Residenzstädte, die sowieso tolle, konservativ gestaltete Parkanlagen haben, sollten das machen.

Es war wohl eher der Repräsentationssucht der damaligen Kommunalpolitiker geschuldet – ein paar Jahre zuvor hatte sich Frankfurt sogar das Recht erkauft, die Tour de France zu starten. Heute sieht man darin ein eher zweifelhaftes Vermächtnis, es sei denn, man möchte sich als Standort für die Pharmaindustrie in Erinnerung rufen.

Aber zurück zur Bundesgartenschau, im Volksmund kurz BUGA genannt. Wir verdanken ihr das BUGA-Gelände, das eigentlich Volkspark Niddapark heißt. Wer einen Hund hat, der ist froh darüber. Entweder wohnt man direkt am Park, im Frankfurter Nordwesten, oder man fährt ganz flott dahin. Sogar mit der U-Bahn (U 1, Station Niddapark) ist man ganz schnell da.

Heute würde man kaum denken, dass hier einen Sommer lang eine Ausstellungsfläche für hochgezüchtete Botanik ihr gedüngtes Unwesen trieb. Es sind einfach nur 168 Hektar schöne, weitläufige Wiesenflächen. Der Hybris sei Dank, dass das gestaltet wurde. Manchmal ist großkotziges Geldverschwenden langfristig doch noch ein gutes Investment.

GRUND NR. 77

Weil niemand das Orange Beach in Frankfurt vermuten würde

Vom neuen Osten Frankfurts haben wir ja nun schon genug geschwärmt, bitte den Westen nicht vergessen. Und ganz besonders wichtig ist dort der Orange Beach. Ein Kleinod mitten zwischen Industrieromantik und dem Main. Links von einem rauschen die Züge in Richtung Flughafen über die Brücke, vor einem im Wasser streiten sich die Enten mit den Schwänen, und unter einem spürt man den Sand zwischen den Fußzehen.

Ja, genau, der Orange Beach ist zwar in Wirklichkeit ein kleines Büdchen, hat sich aber enorm entwickelt. Im Sommer ist das ein richtiger Beachclub, ganz ohne Schickiicki-Atmosphäre. Am besten kommt man mit dem Fahrrad hierher, aus allen Frankfurter Stadtteilen ist das eine Radtour, die auch ungeübte Zweiradfahrer nicht überfordert. Entweder über die Gutleutstraße heraus radeln, oder aber das Rad mit in den Zug nehmen. Von der S-Bahn-Station Griesheim geht es dann in die Jungmannstraße, die zum Main führt. Dann einfach nach links und dem Fluss anderthalb Kilometer flussaufwärts folgen.

Geöffnet ist der Beach im Sommer ab ein Uhr nachmittags bis abends, so lange, wie Leute da sind und der Wirt Olaf Gries Lust hat, eine seiner 18 Biersorten auszuschenken. Aber auch den Rest des Jahres kann man im Orange Beach Frankfurter Alternativkultur aufsaugen. Dann ist von 15 bis 21 Uhr geöffnet (auch wieder nur ungefähr gesagt, die Zeiten können variieren). Aber immer wieder gibt es Sonderveranstaltungen, wie Bandauftritte und dergleichen. Frohes, relaxtes Abhängen!

GRUND NR. 78

Weil das Wasserhäuschen Kulturgut ist

Vielleicht sind die Intellektuellen ja nur von den Wasserhäuschen – so heißen die Trinkhallen in Frankfurt – so begeistert, weil sie dort in den Siebzigerjahren des vorigen Jahrhunderts immer ihre Roth-Händle ohne Filter gekauft haben. Vielleicht ist es aber auch noch etwas anderes, was die Faszination der Bude (so nennt man das im Ruhrgebiet), des Büdchens (Düsseldorf) oder der Trafik (Österreich) ausmacht.

In Frankfurt lebt und gedeiht das Wasserhäuschen. In den 1870er-Jahren wurde dort nur Mineralwasser an die Stadtbevölkerung ausgegeben. Das geschah aus Vorsorge, weil die Leute vor verdorbenem Wasser Angst hatten und zu viel Bier, Wein und Härteres zu sich nahmen. Nach dem Zweiten Weltkrieg entwickelten sich die Häuschen zu Allround-Geschäften, die fast immer geöffnet waren. Aber auch zu Treffpunkten – den ganzen lieben Tag lang.

Der französische Kulturphilosoph Michel Foucault ist von Trinkhallen begeistert, er nennt sie »heterotopische Plätze«. Diese »anderen Orte«, elaboriert dazu der Kunst- und Kulturgeschichtler Kurt Wettengl im hervorragenden Band *Frankfurter Wasserhäuschen*, haben ihre eigenen »Regeln, die die Betreiber ihren Stammkunden auferlegen« und »Rituale, die sich innerhalb des Kreises der Stammkunden entwickeln«. Es gäbe an diesen Orten sogar eine »spezifische Zeit – es gibt die ›Ewige Zeit‹ der Stammkunden und die ›Glücksmomente‹ der Laufkundschaft beim Einkauf außerhalb der Ladenschlusszeiten«. Er sieht sogar eine »besondere Verschränkung von innen und außen, von privatem und öffentlichem Raum, und nicht zuletzt mit seiner ungeregelten Architektur ist das Wasserhäuschen innerhalb des Stadtraums ein ›Ort außerhalb aller Orte‹ und gleichzeitig ein Ort, der sich auf seine städtische Umgebung bezieht«.

Auch die Frankfurter Schriftstellerin Eva Demski trägt zur Wasserhäuschen-Lobpreisung bei und nennt es einen »griechischen Marktplatz in unserer marktplatzarmen Zeit«. Und ihre Autorenkollegen Martin Mosebach und Eckhard Henscheid luden auch schon einmal zu einer Lesung »Es lebe das Wasserhäuschen!« ein. Allesamt Trinkhallenfans.

Es gibt über die Frankfurter Wasserhäuschen aber auch so viele Geschichten zu erzählen. Etliche davon schrieben die Autoren Jens Bredendieck, Andreas Heller, Peter Schenk und Ulrich Sonnenschein auf und brachten den originellen Wasserhäuschen-Führer *Die unteren Zehntausend* heraus. In diesem Werk wird kategorisiert. Zum Beispiel gibt es das Wasserhäuschen mit Promi-Geschichten am Adlerflychtplatz, wo früher Michel Friedman oft mit seinen Bodyguards vorbeihuschte und Zeitungen kaufte. Und plötzlich war der damalige Verteidigungsminister Rudolf Scharping Stammgast, weil seine neue Lebensgefährtin Gräfin Pilati um die Ecke, in der Wolfsgangstraße, wohnte.

Zu den absoluten Hochzeiten der Wasserhäuschen-Kultur soll es in Frankfurt 800 dieser Büdchen gegeben haben. Als der Architekturfotograf Martin Starl vor ein paar Jahren im Auftrag des Historischen Museums die interessantesten Wasserhäuschen auswählen sollte, bekam er eine Liste mit 330 Objekten. Er suchte dann nur die frei stehenden Exemplare aus. Und an ihnen entdeckte er viele interessante Details: die Baustile der Zwanziger- und Dreißigerjahre und auch viele der Baumaterialien aus dieser Zeit.

Auch wenn es heute immer weniger werden, so sind die Wasserhäuschen dem Frankfurter sehr lieb. Okay, heute kauft man auch noch bis spätabends in einigen Supermärkten ein, Zigaretten holt man am Automaten, an der Tankstelle oder überhaupt nicht, weil man nicht mehr raucht, aber irgendwie vermittelt das Wasserhäuschen Sicherheit. »Du bist nicht allein«, scheint es uns zu sagen. Und: »Wenn du etwas dringend brauchst, dann bin ich immer für dich da.«

Weil Frankfurt außer dem Museumsufer noch so viele Museen hat

Das Museumsufer kennt man ziemlich gut. Es ist aber auch eine tolle Meile! Doch nicht nur am Mainufer (hauptsächlich am südlichen, aber das Jüdische Museum auf der gegenüberliegenden Seite gehört auch noch dazu) gibt es Erbauliches zum Anschauen.

Sehr bekannt und nicht am Museumsufer gelegen ist das Museum für Moderne Kunst, das in der Nähe des Römers zeitgenössische Kunst und die klassische Moderne zeigt. Immer mal wieder echte Highlights sind im sogenannten Tortenstück zu bewundern. Aber natürlich auch das Senckenberg Naturmuseum am alten Uni-Campus ist einen Abstecher wert. Die Dauerausstellung mit Dinos und mehr ist nicht nur für Kinder immer wieder ein *Jurassic Park*-artiges Erlebnis. Und Sonderausstellungen bietet das Naturkundemuseum im Westend gleichermaßen.

Im Westend, das ja eigentlich eher für Banken, Büros und teure Altbauwohnungen bekannt ist, gibt es aber noch ein tolles Ausstellungshaus. In der Schubertstraße erfährt man alles über den Gelehrten Heinrich Hoffmann, der aber nicht als Arzt, sondern als Autor des *Struwwelpeter* in die Geschichte eingegangen ist.

Weniger verwundern wird es, dass wir in Frankfurt ein Geldmuseum haben. Es befindet sich direkt am Gebäude der Bundesbank im Stadtteil Ginnheim. Wer schon immer einen echten 12,5-Kilogramm-Goldbarren sehen wollte, ist hier richtig. Der ist übrigens ungefähr schlappe 340.000 Euro wert – je nach Tageskurs. Aber auch didaktisch ausgearbeitete Darstellungen des Konzepts vom Geld und der großen Weltwirtschaftskrise sehen wir hier.

Eines der neuesten Museen ist das Experiminta Science Center in Bockenheim, das Lieblingsmuseum des Oberbürgermeisters Peter Feldmann. Es wurde erst im Frühjahr 2011 eröffnet und soll

Naturwissenschaften verständlich machen. Damit ist es konzeptuell an das Mathematikum in Gießen angelehnt. Besonders Schüler, die immer meckern, dass sie Physik und Co. »einfach nicht kapieren«, bekommen hier einen völlig neuen Zugang zur Materie.

Aber es gibt noch viele Phänomene mehr, die in Frankfurt musealen Rang haben: Optischen Täuschungen, inklusive 3-D-Bildern, widmet sich das Explora im Nordend. In Höchst, im dortigen Schloss, befindet sich das Museum zur Geschichte der früher selbstständigen Stadt Höchst und auch das zur Firmengeschichte des Chemiekonzerns Hoechst AG. Und auf dem ehemaligen Militärflugplatz in Bonames ist das Feuerwehrmuseum.

Frankfurt hat damit garantiert mehr Museen, als es trübe Herbsttage gibt.

GRUND NR. 80

Weil es um Frankfurt herum so wunderschön ist

Okay, in einem Buch, das Frankfurt loben will, zu propagieren, dass man aus der Stadt herausfahren soll, ist ziemlich unelegant. Aber das Umland ist auch eine Stärke der Stadt. Wer denkt denn beim Thema Frankfurt auch an Naherholung in den Bergen oder am Wasser? Also, nur ein kleiner Abriss dessen, was um Frankfurt herum geht. Sehr bekannt ist der Rheingau. Die Heimat des deutschen Rieslings, sozusagen. Und Wein verköstigen kann man fast überall im Rheingau auf ganz vorzügliche Art.

In Oestrich-Winkel hat der Winzer Ulrich Allendorf eine »Weinerlebniswelt« aufgebaut. Highlight ist ein Raum, in dem er die Farbe der Beleuchtung komplett ändern kann. Das Erstaunliche ist, dass je nach Licht der Wein unterschiedlich schmeckt. Wie die Sinne interagieren, habe ich sonst noch nirgendwo so anschaulich erlebt. Bei grünem Licht kann der Wein Aromen von Gras und Apfel bekommen. Bei blauem Licht schmeckt er plötzlich wässrig, und genau derselbe Wein im selben Glas erscheint einem bei rotem Umgebungslicht süßer.

Wer zum Geschmackserlebnis zusätzlich noch interessante Kultur erleben möchte, besucht das Kloster Eberbach. Hier ging einige Wochen lang sogar Ex-James-Bond Sean Connery seiner Profession nach, weil in den mittelalterlichen Mauern der Spielfilm *Der Name der Rose* gedreht wurde. Noch heute stehen Filmfans vor einer gewissen Tür im Dormitorium (im Film der Arbeitssaal der Schreiber-Mönche), die im Film geheimnisvoll in Szene gesetzt wird. In Wirklichkeit ist dahinter nur ein Abstellraum.

Gutes Essen und guten Wein findet man im Rheingau praktisch überall. Wer dazu noch ein Ambiente fast wie in der Toskana genießen möchte, reserviert sich einen Tisch im Restaurant Baiken in Eltville. Traumhaft. Gourmets mit Sterneküchen-Geschmack (und entsprechender Geldbeutelgröße) werden ein Wochenende im Kronenschlösschen in Eltville-Hattenheim zu schätzen wissen. Einer der bestsortierten Raritäten-Weinkeller steht hier zur Verfügung. Oder aber im Schloss Reinhartshausen in Eltville-Erbach, das direkt am Rhein liegt, ist es wunderschön. Heute gehört das Fünf-Sterne-plus-Haus zum Kempinski-Konzern, früher war es das Privatschloss von Josef Neckermann, der hier seine Gäste wie im Hotel unterbrachte. Erschwinglich ist ein Essen oder auch nur eine Brotzeit in der Schlossschänke. Sehr lecker.

Viel näher als der Rheingau ist Eppstein, ein Ort am Hang, in den Kletterfans aus ganz Europa pilgern. Die wahnsinnig steilen Hänge des Taunus sind ein Erlebnis. Tipp: Im Kaisertempel einen Tisch reservieren, am besten am Fenster oder im Sommer auf dem Balkon. Das ist aber nur etwas für Schwindelfreie, man speist mit einer Aussicht, als würde man im Heli oder ganz von selbst fliegen. Ach ja, die Küche im Kaisertempel ist gut italienisch.

Aber auch südlich von Frankfurt ist es schön, in der Bergstraße werden neuerdings sogar Bollywood-Filme gedreht. Die Landschaft prägt also bald das Deutschlandbild einer ganzen Generation von Indern. Und auch der Odenwald hat so seine schönen Ecken. Einfach mal rausfahren. Aber ganz schnell wieder zurück nach Frankfurt kommen!

Kapitel 9

NEE, WIRKLICH? HABEN SIE DAS GEWUSST? KURIOS!

Wo Frankfurt ein »hidden champion« ist

Sogar ein Exportschlager:
Der Frankfurter Weihnachtsmarkt

Weil Otto Waalkes seine Witze aus Frankfurt geliefert bekommt

Es ist gar nicht so lange her, da war eine junge Journalistenkollegin privat in der Stadt unterwegs. Und wen sah sie da im Café Hauptwache in der Sonne sitzen? Otto Waalkes. Den Starkomiker aus Norddeutschland fragte sie sofort, was er denn hier tue. »Ich genieße den Tag, habe mich gerade mit Freunden in Frankfurt getroffen, und wir haben ein neues Filmprojekt besprochen.«

Jetzt wird wohl jeder denken, Otto sei in Frankfurt gewesen, weil er mit einer Bank oder einem Investmentverwalter die Finanzierung des nächsten Blödel-Streifens planen wollte. Das wäre wieder das Klischee von Frankfurt als reiner Finanzmetropole. Nein, direkt neben Otto saß der besuchte Freund – und das war Bernd Eilert. Er ist einer der Satiriker aus der sogenannten »Neuen Frankfurter Schule«, der auch F. K. Waechter (»Die schärfsten Kritiker der Elche waren früher selber welche«) und Robert Gernhardt angehörten.

Und diese Autoren, die auch die Satirezeitschrift *Titanic* groß gemacht haben, sind seit Jahrzehnten Autoren und Gag-Schreiber für Otto Waalkes. Wie sie selbst erzählen, kam der Kontakt zustande, nachdem Otto Verse von Robert Gernhardt auf einer Bühne vorgetragen hatte: »Lieber Gott, nimm es hin, dass ich was Besond'res bin« – dieses Spottgedicht brachte dem Ostfriesen einen Riesenerfolg ein.

Die Frankfurter aber fühlten sich bestohlen. Geistiges Eigentum zählte Anfang der Siebzigerjahre noch etwas. Es erfolgte eine Kontaktaufnahme mit dem Nachwuchsstar aus dem TV, man dachte sogar schon an eine Klage vor Gericht. Doch Otto ist nicht dumm, er wusste damals schon, dass er zwar ein genialer Performer ist, dass ihm aber nachgesagt wird, als Autor tauge er nicht so sehr viel.

Und was er den Frankfurtern schrieb, ist vielleicht der originellste Versuch, eine juristische Angelegenheit zu beenden:

»Ihr seid das Blatt, ich bin der Wind, der euch in die Welt trägt« – damit bot Otto eine Partnerschaft an, und seit 1974 schreiben Robert Gernhardt (leider im Jahr 2006 verstorben), Peter Knorr und Bernd Eilert für den »Außerfriesischen«. Und sogar das Feuilleton der ehrwürdigen *FAZ* schrieb: »Eine glückliche Fügung wie das Aufeinandertreffen von Laurel und Hardy: Die Frankfurter lieferten den intellektuellen Überbau für den Volkskomiker Waalkes, der nun erst zum Phänomen wurde, zum König der Komiker.«

Und im Gegenzug »trieb die friesische Brise das subversive Werk der Neuen Frankfurter Schule aus den Studentenbuden in die Wohnzimmer der Republik«. Eigentlich sind wir damit schon wieder beim Klischee angekommen: Die Frankfurter sind halt einfach pragmatische Leute. Selbst die subversiven Sponti-Satiriker sind einer Win-win-Situation freundlich aufgeschlossen. Und sie haben bestimmt auch ordentlich Geld verdient dabei. Wahrscheinlich so viel, dass Bernd Eilert Otto Waalkes ins Café Hauptwache einladen konnte.

GRUND NR. 82

Weil Frankfurt nicht in Hessen liegt

Eine Frankfurterin, die immer sagt, was sie denkt, ist Gina-Lisa Lohfink. Jene aus dem Fernsehen bekannte Berufsblondine, die immer die Mähne schüttelt und dann oft etwas zum Besten gibt, bei dem sich beim Zuhörer alles schüttelt. Neulich sagte Gina-Lisa zu mir aber etwas, dem bestimmt viele Leute zustimmen würden: »Warum ist Frankfurt eigentlich nicht die Hauptstadt von Hessen?« Ja, warum eigentlich? Frankfurt ist schließlich die größte Stadt des Bundeslands, eindeutig die wirtschaftlich stärkste Kommune, und man kennt sie weit über die Grenzen Deutschlands hinaus.

Auch der Verlag Schwarzkopf & Schwarzkopf entschied sich für ein Buch *111 Gründe, Frankfurt zu lieben* (Sie halten es in der Hand!), auf ein ähnliches Werk zur tatsächlichen Landeshauptstadt Wiesbaden muss die Welt noch warten.

Die Antwort, die ich Gina-Lisa geben konnte, verwirrte sie nur noch mehr: weil Frankfurt eigentlich gar nicht zu Hessen gehört. Das gilt geschichtlich und auch gefühlsmäßig. Im Gefühl hat der Frankfurter sowieso, dass er nicht zum Hinterland dazugehört. Als Frankfurter schaut man auf Frankfurt, ansonsten kennt man vielleicht noch das eine oder andere Ausflugslokal im Rheingau, aber das war es auch schon.

Warum das so ist, hat natürlich Gründe, die nicht jedem bekannt sind. Und wie so oft bestimmen die geschichtlichen Voraussetzungen das heutige Gemüt der Frankfurter. Historisch gehörte Frankfurt einfach nicht zu Hessen. Ganz besonders gehörte Frankfurt nicht zum Volksstaat Hessen, der während der Weimarer Republik bestand. Das war ein auf den ersten Blick seltsames Gebilde, das aber sehr viel über die traditionelle Rolle Frankfurts sagt.

Zum Volksstaat Hessen gehörte das, was wir heute »Südhessen« nennen. Inklusive Offenbach, an dessen nördlicher und westlicher Grenze Schluss war mit dem Volksstaat Hessen. Da gab es einen Korridor, und nördlich von Frankfurt begann wieder der Volksstaat, das nannte man Oberhessen. Frankfurt war ja lange Zeit in seiner Geschichte freie Reichsstadt, und nach dem Ersten Weltkrieg zog es die Stadt auch nicht in eine Regierungsgemeinschaft mit Offenbach, Darmstadt und dem Odenwald.

Frankfurt ließ sich – ganz separat zu bleiben, konnte man nicht durchsetzen – Hessen-Nassau zuschlagen. Dessen Territorium umzingelte also praktisch Oberhessen, reichte bis nach Kassel und hatte Kassel zur Hauptstadt.

So weit die geschichtliche Einordnung. Sobald ich das einmal nachgelesen hatte, fiel es mir wie Schuppen von den Augen. Warum nur fühlt sich ein Frankfurter eher zu Wiesbaden und dem Rheingau hingezogen als zu Offenbach, Darmstadt oder zum Odenwald? Okay, Offenbach ist hässlich und der Fußballclub OFC ist pleite, da braucht der Frankfurter nicht hinzugehen. Aber Michelstadt im Odenwald ist doch eigentlich ganz schön, außerdem betreibt Schauspielerin Jessica Schwarz dort mit ihrer Schwester ein kleines, nettes Designhotel namens Die Träumerei.

Aber das liegt gefühlsmäßig weiter weg als alles andere, findet der Frankfurter. Zumindest viel weiter weg als der Rheingau, der kurz hinter Wiesbaden anfängt und kilometermäßig ähnlich weit entfernt ist.

Das alles hat eben diese traditionellen Wurzeln, die aus dem Unterschied zwischen Volksstaat und Hessen-Nassau kommen. Auch das Hessen-Denkmal, das es in Frankfurt gibt, spricht Bände. Darauf wird ein Löwe, der aussieht wie das hessische Wappentier, von einem Schild erschlagen. Zwar stellte ein Gericht vor einigen Jahren fest, dass der dargestellte Löwe nicht der Hessen-Löwe sei, sondern ein allgemeines Symbol für das Kriegerische. Das ist aber nur der offizielle Teil der Erklärung.

Preußen hat dieses Denkmal gestiftet, und einen strahlenden, heldenhaften Löwen hätten die Frankfurter nie und nimmer akzeptiert. Also wird auf dem Denkmal ein Löwe erschlagen. Sogar diese etwas seltsame Darstellung wollten die Frankfurter nur außerhalb des alten Stadtgebiets dulden. So befindet sich der elendig verendende Löwe auf einem Sockel neben der Friedberger Landstraße, nahe dem Ort, wo früher das Friedberger Tor in der Stadtmauer war. Ein trauriger Anblick, genau das, was die Frankfurter für Hessen angemessen finden.

Das alles meiner Freundin Gina-Lisa auseinanderzusetzen erschien mir etwas »over the top«. Ich verstieg mich daher zur vereinfachten Erklärung: »Frankfurt und Hessen, das passt irgendwie gefühlsmäßig nicht zusammen.« Und das fühlt Gina-Lisa genauso. Sie ist übrigens, obwohl sie als Frankfurterin bekannt ist, im hessischen Seligenstadt geboren, und heute wohnt sie in einem kleinen Ort im Landkreis Offenbach.

In Frankfurt nutzt Gina-Lisa eigentlich nur den Flughafen und ihre Lieblings-Starbucks-Filiale am Börsenplatz. Immerhin sind wir also schon so weit, dass die umliegend wohnenden Menschen sich als Quasi-Frankfurter sehen. Die Frankfurter selbst würden in diesem Punkt aber widersprechen. Und das ist gar nicht Teil einer drögen Geschichtsstunde, sondern es ist tief verwurzelt im Gefühl eines jeden Frankfurters.

GRUND NR. 83

Weil der Weihnachtsmarkt zwar viel zu leise ist, aber dennoch Stimmung aufkommt

Es ist ein echtes Possenstück in der Adventszeit. Der weltbekannte Frankfurter Weihnachtsmarkt gilt nicht nur als einer der schönsten seiner Art, er ist ja sogar Exportschlager, er ist aber auch einer der leisesten Märkte der Welt.

Musik gibt es ab und zu mal von der Bühne, zum Beispiel wenn Vicky Leandros oder Xavier Naidoo das heilige Treiben Ende November eröffnen oder wenn an den normalen Tagen mal ein Kinderchor auftritt. Das ist dann aber schnell vorbei. Am Kinderkarussell darf Musik vom Band laufen, aber nur so leise, dass man es nur auf und direkt neben dem Fahrgeschäft hört.

Ist das nicht seltsam? Weihnachten ohne Weihnachtslieder? Ein Flüster-Fest. Ja, das ist seltsam, es geht aber nicht anders in Frankfurt. Wegen der Anwohner. Eigentlich nur wegen eines Paares, das vor Gericht gezogen ist und recht bekam. Das Ehepaar, angeblich ein pensionierter Studienrat und seine ruhesüchtige Gattin, vertritt nämlich den Standpunkt, sie dürften als Anwohner der Altstadt auf einem Lärmlevel einer bayerischen Alm bestehen.

Das Seltsame in den Augen (und Ohren) der Frankfurter ist, dass die Gerichte das bestätigt haben. Gleichartige Klagen gegen Autoverkehr – sagen wir, gegen die Stadtautobahn A 66 oder gegen die Nordwestlandebahn, die den Flörsheimern Airliner-Jets in 450 Metern Höhe über ihrem Dach, und das ab fünf Uhr morgens, beschert – werden reihenweise abgewiesen.

Aber gegen den Heiligen Geist und seine Frankfurter Ausprägung, ihn ausgiebig mit Glühwein zu feiern, darf geklagt werden. Dabei wollten sich alle gütlich mit diesem Ehepaar einigen. Ihm wurden schon auf Stadtkosten die besten Schallschutzfenster eingebaut. Das müsste ja helfen, denn wer muss denn im Dezember unbedingt abends um halb zehn bei offenem Fenster einschlafen?

Das machte die Lärmquerulanten nicht zahmer. Also wurde ihnen sogar angeboten, sie könnten auf Stadtkosten jedes Jahr eine ausgedehnte Kreuzfahrt antreten. Das wäre den Frankfurter Bürgern ein unbehelligtes Weihnachtenfeiern wert gewesen. Fünf Wochen Karibik oder so für die beiden Anwohner, während auf dem Römer der Weihnachtsmarkt stattfindet. Sogar Auf- und Abbauzeiten wären dann abgedeckt. (Kleines Schmankerl am Rande: Den Lärm, der vom Aufbau verursacht wird, den verbietet kein Gericht Deutschlands, nur die Weihnachtsmusik.) Aber auch das lehnten sie ab.

Das Schöne am Frankfurter Weihnachtsmarkt: Obwohl er so drangsaliert wird und nur bis 21 Uhr geöffnet haben darf, bietet er ein erhebendes Erlebnis. Einfach wunderschön. Den besten Glühwein soll es an den Ständen hinter der Ostzeile geben (der Kunsthalle Schirn zugewandt), und die besten Schnitzel bekommt man natürlich bei Eddy Hausmann, am Stand vor dem Zugang zum Steinernen Haus.

Und wenn Sie mal in der Vorweihnachtszeit in England unterwegs sind, bitte nicht wundern, wenn Sie in Liverpool, Birmingham oder Manchester auf einem zentralen Platz ein Schild mit »Frankfurter Weihnachtsmarkt« sehen. Das ist keine Produktpiraterie, sondern eine Lizenzierung. Die Frankfurter Stadtverwaltung organisiert bei den Angelsachsen jedes Jahr diese Märkte, und die Briten lieben das. Und sie spielen sogar Musik dabei. Sachen gibt's!

GRUND NR. 84

Weil Klaa Paris im Frankfurter Norden ist

Fasching oder Karneval, die fünfte Jahreszeit, wird in sehr vielen Städten Deutschlands gefeiert. Aber nirgendwo so wie in Frankfurt-Heddernheim. »Klaa Paris«, also »kleines Paris«, nennt man das fröhliche Treiben in dem nördlichen Stadtteil.

Die Faszination des Umzugs von Heddernheim zu beschreiben fällt natürlich nicht ganz leicht. Wie soll man jemanden, der kein Karnevalist ist, überzeugen, dass es schön ist, im Februar durch Gassen zu marschieren, lächerliche Kostüme zu tragen und von alkoholisierten Leuten abgeknutscht zu werden?

Na ja, aber das ist halt Sinn und Zweck von Fasching. Einmal im Jahr richtig die Sau rauslassen. Und wenn man das einmal eingesehen hat, dann ist es bis zum Verständnis nicht mehr weit. Außerdem wird Heddernheim von vielen Karnevalisten als das ursprünglichste Erlebnis der Narretei bezeichnet. Rund 100.000 Menschen ziehen am Fastnachtsdienstag regelmäßig durch den kleinen Ort, der selbst gerade mal gut 16.000 Einwohner zählt.

Der Heddemer Käwwern e.V. gilt als ältester Karnevalsverein Frankfurts und bildet das Herzstück der Organisation. Er wurde 1882 gegründet, wobei es den Zug schon seit 1839 gibt. Also alles sehr viel älter als sogar die Eingemeindung Heddernheims durch Frankfurt, die erst im Jahr 1910 geschah.

Wie der Name »Klaa Paris« entstand, ist aber leider etwas umstritten. Die wohl gängigste Erklärung ist, dass der Fasching im 19. Jahrhundert aus Mainz nach Frankfurt kam. Weil das im Westen liegt und weil die Heddernheimer sich aber nicht eingestehen wollten, dass sie vom Mainzer Nachbarn etwas übernahmen, ging man begrifflich einfach noch weiter nach Westen, und da gibt es dann nur noch Paris.

Aber natürlich kann der Name auch daher kommen, dass man sich den ausschweifenden Lebensstil der Seine-Metropole herbeisehnte. »Klaa Paris« steht für den Hauch der großen, weiten Welt!

Wie ursprünglich und unverdorben durch Sponsoring und Massenmedien das bunte Treiben ist, zeigt, dass vor ein paar Jahren der Zug wegen einiger 10.000 Euros gefährdet schien. Hätte man hier Großfirmen, die Wagen zu Werbezwecken bezuschussen, wäre das alles kein Problem gewesen.

Aber Fasching in Heddernheim ist pures Bürgerengagement, und das zu haben ist doch einfach gut. Und spätestens hier sollte auch ein Faschingsmuffel einmal zugeben, dass so eine Tradition ihre Berechtigung hat.

GRUND NR. 85

Weil Frankfurter eine Angeberstrecke haben, die jeden beeindruckt

Zum Stierkampf gehört das rote Tuch des Toreros. Zu München gehört das Hofbräuhaus und zu Köln der Dom. Zu Frankfurt gehören die Hochhäuser. Wenn wir Frankfurter Besuch bekommen und ihn abholen, dann gibt es – scheinbar ganz unwillkürlich, in Wirklichkeit von uns perfide geplant – die volle Packung Hochhausviertel.

Es handelt sich um die Neue Mainzer Straße im Bankenviertel. Hier kommt echtes Manhattan-Feeling auf. Es ist eine Einbahnstraße – wie viele der Avenues in New York –, und rechts wie links stehen Hochhäuser. Hunderte Meter hoch, fast wie eine Felsschlucht. Eine regelrechte Gasse zur Feier von Glas, Stahl und Beton.

Links die alte EZB, rechts Metzler-Bank, dann Commerzbank, dann Japan-Center auf der linken Seite. Weiter rechts der Maintower und gegenüber die Sparkasse, die in Frankfurt auch herrlich aussieht, und dann das Hotel Innside.

Die Straße ist lang genug, um ein bisschen Geschwindigkeit aufzunehmen, aber doch insgesamt relativ kurz. Sie knickt auch noch fast im rechten Winkel ab, sodass man auf dem Weg dorthin beinahe keinen Ausweg sieht. Man könnte fast meinen, hier schwebt gleich Batman auf seinem Batmobil über die Köpfe.

Was wir unserem Besuch nicht sagen, ist, dass dies die einzige Straße dieser Art in Frankfurt ist. Hier durchzufahren, das ist auch recht schnell vorbei. Nach besagter 90-Grad-Kurve geht es noch ein paar Blocks weiter, und dann sieht man linker Hand schon die schöne Alte Oper.

Und das Beste: Diese Angeberroute funktioniert, egal, ob wir unseren Besuch vom Flughafen oder vom Hauptbahnhof abholen. Vom Airport kommend nimmt man einfach nicht die Strecke über die Autobahn, sondern fährt am Frankfurter Kreuz Richtung Commerzbank-Arena und dann durch den Stadtwald über die Kennedy-Allee in die City. Weiter über die Hans-Thoma-Straße, gelangt man auf die Schweizer Straße. Von hier hat man schon den Blick auf die alte Europäische Zentralbank. Über den Main, am Schauspiel vorbei, und schon sind wir in der Hochhausgasse Neue Mainzer Straße.

Vom Bahnhof kommend geht es noch schneller. Am Baseler Platz nach links in die Wilhelm-Leuschner-Straße, und dann kommt man am Schauspiel vorbei und ist ebenfalls mittendrin im Batman-Areal.

Spätestens jetzt sagt der Besuch aus München: »Wow, die Hochhäuser wirken von Nahem ja echt eindrucksvoll.« Oder die Berlinerin sagt: »Oje, wie schlimm diese Hochhäuser wirken, sie bedrängen mich ja regelrecht.« Aber selbst diese scheinbare Kritik werten wir als Kompliment, weil wir ja irgendwie stolz auf die Skyline sind.

Und selbst so ein Stoßseufzer ist schließlich Ausdruck dessen, dass der Besuch weiß, dass es das nur in Frankfurt gibt.

Wir reagieren auf diese Gefühlsbezeugungen ganz cool. Wir tun so, als ob das hier ein ganz normaler Weg durch die City ist, nicht extra für den Besucher ausgewählt. Und weil das Fahren durch die Hochhäuser in Frankfurt angeblich so normal ist, haben wir das jetzt auch gar nicht bemerkt. »Ach ja, stimmt, für dich muss das ja ungewöhnlich wirken«, sagen wir dann. Wir machen aber auf Höhe der Alten Oper auch sofort darauf aufmerksam, dass man aus dem Hochhausviertel ja auch wieder ganz schnell herausfahren kann. Ein bisschen Show beherrschen wir Frankfurter also doch.

GRUND NR. 86

Weil unser David Bowie Heinz Schenk heißt – und damit der deutsche Comedy-Boom begann

»Erbarme – zu spät – die Hesse komme!« Diese Textzeile kennt jedes Kind. Sie stammt von den Rodgau Monotones. Benannt hat sich die eher zufällig zusammengekommene Band nach ihrem Probenort. Im Jahr 1978 hat sie sich gegründet, und ihren Hit über die kommenden Hessen, mit dem sie sich bei Sportveranstaltungen und Studentenpartys verewigt hat, veröffentlichte sie 1984. Dazwischen spielte sie viele Stimmungs-Rock-Klassiker nach und versah diese mit lustigen Texten auf Hessisch.

Eine anarchistische Lust am Reimen und echter Lokalpatriotismus kamen da rüber und die Textzeile »Unser David Bowie heißt Heinz Schenk« ist zwar ziemlich bescheuert, aber einfach gut. Wer im Frankfurter Raum oder irgendwo in Hessen aufgewachsen ist, findet den legendären Moderator der Heimatsendung *Zum Blauen Bock* irgendwie cool.

Das sprichwörtliche Schlappmaul, also ein Naturell, das ihn einfach immer Klartext reden lässt, ist irgendwie etwas Besonderes. Die Rodgau Monotones sind also sehr viel mehr als nur eine Rockband. Rocktheater würde es wahrscheinlich viel besser treffen. Und deshalb ziehen sie bei ihren Konzerten auch heute noch Tausende von Zuschauern an. Und die »Rodgaus« waren nicht allein, parallel gab es auch noch die Crackers und die Band Flatsch.

Alle diese Musiker waren untereinander befreundet, und ganz besonders mochten sich Flatsch-Sänger Gerd Knebel und Henni Nachtsheim, eine der beiden Stimmen der Rodgau Monotones. Die beiden gründeten dann Badesalz, das erste Comedy-Duo, das in Deutschland berühmt wurde. Auch dank eines findigen Managers, der die Strukturen in Frankfurt geschickt nutzte, kam der Durchbruch. Er überzeugte nämlich den in Frankfurt ansässigen Tonträger-Konzern CBS (später aufgegangen in Sony Music), dass man Comedy genauso vermarkten kann wie Pop. Comedians, die früher buchstäblich nur belächelt worden waren, wurden zu Stars. Sie brachten Alben heraus, die jeweils mit großer Werbeoffensive und Release-Events veröffentlicht wurden.

Durch die CDs bekamen die Auftritte noch mehr Zuspruch, und es entwickelte sich eine regelrechte Aufwärtsspirale zum Starruhm. Später kamen aus Frankfurt auch noch die Comedians Mundstuhl, Bodo Bach und Kaya Yanar. Deren Erfolge, aber auch die von Mario Barth, Rüdiger Hoffmann oder Cindy aus Marzahn, wären gar nicht denkbar, wenn nicht Badesalz die Türen der Musikindustrie weit aufgesperrt hätten.

Noch heute ist diese ganze Frankfurter Szene übrigens untereinander befreundet. Als die Rodgau Monotones ihr 35. Bühnenjubiläum feierten, sang auch Henni Nachtsheim wieder mit, der eigentlich 1990 die Band verlassen hatte, weil Badesalz seine gesamte Aufmerksamkeit benötigten. Und Gerd Knebel trat mit einer ganz speziellen Nummer auf. Den Daft-Punk-Sommerhit *Get Lucky* versah er für den Auftritt mit Olaf Mill mit hessischem Text, der den Rodgaus gratulierte. Zurück zu den Wurzeln: Genau das hat sie damals groß werden lassen, und das Publikum tobt immer noch.

GRUND NR. 87

Weil in Frankfurt Stadtplaner Speer ganz demokratisch Weltstädte plant

Sein Vater war der »Architekt des Führers«, also Hitlers Liebling, er fertigte die Pläne an, die der Großmannssucht in Stein und Beton eine Form geben sollten: Albert Speer. Sein Sohn ist heute, mehr als 70 Jahre später, nicht nur in derselben Branche tätig, sondern trägt auch noch denselben Namen.

Aber Albert Speer junior steht heute für Weltoffenheit, für demokratisches Planen. Er und sein Frankfurter Stadtplanungsbüro sind ein echtes Aushängeschild für das demokratische Deutschland. Es ist allerdings auch Fakt, dass der junge Speer seinen Vater während der Erziehung wenig erlebt hat. Der Apfel fällt also manchmal auch weit weg vom Stamm.

Und der Name Speer hat in der ganzen Welt einen guten Klang. So zeichnen Albert Speer und sein Büro mit rund 120 Mitarbeitern verantwortlich für die komplette Stadionplanung der Fußball-Weltmeisterschaft 2022 in Katar. Obwohl die Vergabe des Turniers an den Wüstenstaat ohne große Fußballtradition häufig kritisiert wird, wird Speers Planung allenthalben gelobt. Die Stadien sind so entworfen worden, dass sie leicht wieder abgebaut werden können, wenn sie nach den fünf Wochen des Turniers nicht mehr gebraucht werden. Und sie sollen dann an ärmere Fußballnationen verschenkt werden.

Aber das Büro hat auch noch ganz andere Meriten. Die Neuplanung der Stadt Alexandria wird aus den Frankfurter Büros gesteuert, in Nigeria plant man eine ganz neue Hauptstadt, in Shanghai eine Auto-City für 50.000 Menschen. Und in der Vergangenheit zeichnete Speer verantwortlich für die Planung der Expo in Hannover und für die Olympia-Bewerbungen der Städte Leipzig, München und Baku.

Der weit gereiste Planer ist auch noch ein richtiger Frankfurt-Fan. Das hat er gerade wieder in einem Interview mit der *FAZ* betont. Auf die Frage, was Frankfurt lebenswert mache, sagt er: »Die enorme Vielfalt. Die Kleinheit auf der einen und die Internationalität auf der anderen Seite. Da kann keine andere deutsche Stadt mithalten – und auch im Vergleich mit London oder Barcelona schlägt die kleine Metropole sich hervorragend.«

Gerade die Mischung aus gelungener Wiedererschließung des Mainufers und anderen interessanten Bauprojekten mache Frankfurt einfach schön. Auch den neuen Uni-Campus, der hinter dem ehemaligen IG-Farben-Haus entstanden ist, findet er einzigartig und plaudert ein Detail aus: Beim Umbau habe man festgestellt, dass bei Beachtung aller aktuellen Wärmedämm-Vorschriften die Fassade des historischen Gebäudes nicht mehr wiederzuerkennen gewesen wäre. Man habe sich »hessisch« geeinigt. Soll heißen, man hat sich zusammengesetzt, Bürokraten und Kreative, und jeder hat Abstriche hingenommen. Letztendlich hat man sich geeinigt.

Warum denn dann die Welt nicht genug über die Schönheit Frankfurts wisse, wird Speer auch noch gefragt. Und er spricht Klartext: »Das ist eine Frage der Mentalität. Köln zum Beispiel ist viel hässlicher als Frankfurt, aber für den Kölner gibt es nichts Größeres und das tut er auch überall kund. Wir Frankfurter behalten unsere Schätze gern für uns.«

Was sollen wir dem noch hinzufügen?

Weil »Rock am Ring« und »Rock im Park« Frankfurter Events sind

Haben Sie sich schon einmal gefragt, was die Musikfestivals »Rock am Ring« am Nürburgring und »Rock im Park« in Nürnberg gemeinsam haben? Sie finden ja komischerweise zeitgleich im Frühsommer statt. Und was hat das alles mit Frankfurt zu tun?

Schauen Sie mal auf die Landkarte! Frankfurt ist mal wieder genau in der geografischen Mitte. Also fast. Von Frankfurt zum Nürburgring sind es 174 Kilometer, nach Nürnberg fährt man circa 220 Kilometer. Und das ist kein Zufall. Beide Großveranstaltungen werden auch »Zwillingsfestivals« genannt, und organisiert werden sie von der Konzertagentur Marek Lieberberg aus Frankfurt.

Eigentlich ist das Konzept ja genial. Die Bands wohnen in Frankfurt, im Luxushotel, werden an einem Tag nach Nürnberg kutschiert und am Tag darauf in die Eifel. Oder umgekehrt. In Nürnberg bei »Rock im Park« werden mittlerweile rund 70.000 Fans glücklich gemacht, bei »Rock am Ring« sind es sogar noch mehr, etwas unter 90.000 waren es im Rekordjahr 2013. Für Impresario Lieberberg rechnet sich das natürlich, zumal er die Anreise der Stars nach Frankfurt – meist teure First-Class-Flüge – nur einmal bezahlen muss.

Ursprünglich gab es nur das Festival in der Eifel, und das dort sehr raue Klima hat zum Kultcharakter beigetragen. Zelten im Matsch ist für einen Festivalbesucher wie ein Ritterschlag. Seit 1985 gibt es das Event – mit ganz wenigen Unterbrechungen – jedes Jahr. Und seit 1997 wurde es in Nürnberg entwickelt. Unterschiedlichste Stars wie Sting, Rammstein, Simple Minds, INXS oder Sabrina Setlur traten hier auf. Auch Weltstars wie Metallica oder Bob Dylan haben hier schon gespielt, wobei seit einigen Jahren auch verstärkt jungen, neuen Bands eine Chance gegeben wird.

Stress um den Termin und die Konditionen gibt es eigentlich fast in jedem Jahr, aber die Veranstalter schaffen es, dieses logistische Meisterwerk praktisch immer wieder zu stemmen. Und Frankfurt ist in diesem Festival-Hurrikan wie das Auge des Sturms. Hier ist das Zentrum, man bekommt aber praktisch nichts davon mit.

GRUND NR. 89

Weil Frankfurt Ausblick hat

Frankfurter kennen die leeren Versprechungen. Bei fast jedem spektakulären Hochhausneubau wird vor dem Ausheben der Baugrube das Blaue vom Himmel versprochen. Denn jeder Hochhausbau ist irgendwann in der Planungsphase mindestens einmal umstritten, selbst in der an und für sich Wolkenkratzer-freundlichen Metropole Frankfurt am Main.

Das liegt daran, dass wir die großen Dinger nicht auf der grünen Wiese bauen, sondern mitten in gewachsenen Vierteln. Auf dem einzigen frei beplanbaren Areal in der City, dem ehemaligen Güterbahnhof, wo gerade das sogenannte Europaviertel entsteht, wurde komischerweise gar kein Hochhaus gebaut. Überall sonst müssen also alte, kleinere Häuser weichen. Mal sind das Fünfzigerjahre-Bausünden, mal etwas ältere Gebäude. Mal scheinen sie wertvoll, mal weniger, aber irgendjemand hat immer ein – meist auch berechtigtes – Interesse an der Alt-Immobilie.

Heimlich, still und leise wird sich oft geeinigt, und dabei wechselt auch häufig ein Geldbetrag von einem zum anderen Konto. Aber oft gibt es doch noch Zoff, und meist geht es darum, dass der Zugang zu vorher öffentlichem Raum privatisiert wird. Dann fehlt plötzlich ein Teil der Straße oder ein Zugang zu einem Park. Oder aber ein traditionsreiches Café muss geschlossen werden. Einen Mietvertrag im Erdgeschoss eines Hochhauses wollen die Betreiber dann auch nicht als Ausgleich unterschreiben. Das ist einfach nicht das Gleiche.

Also werden Frankfurts Bürger mit der Verheißung auf Zugang geködert. Eine Dachterrasse ganz oben mit tollem Ausblick, eine Bar mit erschwinglichen Preisen und Ähnliches. Oder ein originelles Restaurant im Sockel des Gebäudes. Der Frankfurter soll das Gefühl haben, die Hochhäuser gehörten ein bisschen auch ihm.

Nach ein, zwei Jahren wird der Betrieb dann oft eingestellt, bei etlichen Hochhausprojekten gibt es sogar schon während des Baus eine Umplanung. Gerade nach dem 11. September 2001 findet die Sicherheitsabteilung immer eine willkommene Ausrede, die mit der Terrorgefahr zu tun hat. Als ob die Terroristen von New York die gekaperten Flugzeuge lieber in ein öffentliches Restaurant oder eine Besucherterrasse gesteuert hätten! Aber was soll man auch schon gegen Sicherheitsbedenken einwenden?

Man muss wissen, dass Hochhaus-Inhaber oder die beauftragten Betreiberfirmen diese Nutzung in den Obergeschossen hassen. Schließlich können sie die Top-Stockwerke auch zu Top-Preisen vermieten. Chefetagen sind ja immer ganz oben, und welcher Bankvorstand hätte es denn gern, dass sich einfache, normale Bürger über ihm Cappuccino schlürfend am Fernblick gen Taunus ergötzen?

Dennoch: Es gibt sie, die öffentlich zugänglichen Orte hoch im Himmel. Vielleicht haben die Bauunternehmer dieser Hochhäuser einfach keine gute Sabotage-Strategie gehabt, um die öffentlichen Auflagen auszuhebeln, oder sie hatten Pech. Was dann das Glück der normalen Frankfurter sein kann.

So ist die Terrasse des Maintowers zu besichtigen. Für ungefähr fünf Euro darf der Besucher mit dem Aufzug nach oben fahren. Und die Plattform ist echt ein Erlebnis. Achtung: Jacke und vielleicht auch Kapuze oder Mütze mitnehmen, es ist immer sehr windig. Und etwas darunter, im 53. Stock, gibt es sogar noch ein Restaurant. Hier sollte man aber reserviert haben. Und wer den

Bund fürs Leben in einem Skyscraper schließen möchte, kann das auch hier tun. Der Standesbeamte kommt vorbei, und das kostet dann 1.033 Euro zusätzlich zu den normalen Gebühren.

Aber schön kann es auch in einer kleineren Hütte sein. Im Hotel Innside, einem Wohn-Hochhaus, findet sich die 22nd Bar. Wie der Name schon andeutet, muss man dafür nur in den 22. Stock hinauffahren, wo man eine klassische Bar findet. Kompetente Barkeeper, die jeden Cocktail draufhaben, und gelegentlich ein Pianospieler machen den Aufenthalt perfekt. Der Blick geht hier nicht so sehr weit in die Ferne, weil man mittendrin im Hochhausviertel ist. Besonders schön finde ich den Blick auf die Alte Oper, für den man einen Fenstertisch im Eingangsbereich auswählen muss.

GRUND NR. 90

Weil der Frankfurter »Fußzeh« einzigartig ist

Was verbindest du mit Frankfurt? Diese Frage stelle ich eigentlich immer Menschen, die aus anderen Teilen der Republik stammen. »Fußzeh« kam neulich als Antwort. »Wie bitte?«, frage ich zurück und wittere schon, dass ich von diesem Hamburger nicht ernst genommen werde.

Zumal mein Gesprächspartner aus der Werbebranche kommt, und diese Leute sind ja oft Zyniker und lieben die übersteigerte Ironie. Aber es ist anders. »Fußzeh«, darauf beharrt mein Gegenüber, »sagt man nur in Frankfurt.« Klar, denke ich, ich sage auch »Fußzeh«, wenn ich einen Fußzeh beschreiben möchte. Genau das antworte ich ihm auch. Und schon kommt dieses leicht arrogante Lächeln: »Das meine ich doch!«

Überall außerhalb Frankfurts sei das nur ein »Zeh«, werde ich belehrt, der Frankfurter sage »Fußzeh«, was falsch sei. Man sage ja auch nicht »Handfinger«, sondern nur »Finger«. Hmmm, das stimmt eigentlich, denke ich mir. Wobei diese Haarspalterei mir natürlich ein bisschen zu penibel daherkommt.

Nun muss man hier mal anfügen, dass der Frankfurter durchaus lernfähig ist. Und wir wissen auch 100-prozentig, dass wir in Frankfurt nicht das perfekte Hochdeutsch sprechen. Wenn uns jemand aus dem Raum Hannover freundlich korrigiert, dann bricht uns kein Zacken aus der Krone. (Sagt man das auch nur in Frankfurt so? Egal.) Bei Hamburgern sind wir etwas skeptischer. Von denen wissen wir nämlich, sie denken, dass sie auch absolutes Hochdeutsch sprechen, aber das ist ja nach der geltenden Definition nicht so.

Doch unser frankfurterisches Selbstbewusstsein führt nicht dazu, dass wir uns selbst blockieren, wenn wir etwas dazulernen können. Müssen wir also jetzt den »Fußzeh« aus unserem Wortschatz streichen? Im Prinzip stimmt es ja, dass der Begriff »Zeh« bereits in ausreichender Weise den Körperteil, um den es geht, definiert. Man kann auch nicht behaupten, dass das Voranstellen von »Fuß« vor das »Zeh« von herausragender sprachlicher Eleganz geprägt sei. Oder dass dadurch eine bessere Sprachmelodie entstehen würde.

Ich gebe dem freundlichen Werber aus Hamburg also recht. Und überlege, dass ich bei nächster Gelegenheit mal versuchen werde, nur noch »Zeh« zu sagen. Denn wenn der Hamburger sagt, das steht so nicht im Duden, dann ist vielleicht doch irgendetwas faul mit diesem Fußzeh. Und wer mag schon einen faulen Fußzeh in den Mund nehmen?

So, jetzt kommt es: Vor lauter Autoritätshörigkeit gegenüber der nordmainischen Sprachkompetenz hatte ich es einfach hingenommen zu erfahren: »Das steht so nicht im Duden.« Außerdem fand ich das alles nicht so wahnsinnig wichtig. Erst einige Wochen später habe ich dann wirklich recherchiert. Und was finde ich in der Online-Ausgabe des *Duden* zwischen »Fußwurzelknochen« und »Fußzeile«? Den »Fußzeh« und die »Fußzehe«.

Puh, da haben wir ja noch mal Glück gehabt! Ich dürfte also wahrscheinlich sogar an einem lauen Sommerabend meinen Fußzeh in Hannover in den Maschsee tauchen, ohne von der Sprachpolizei behelligt zu werden.

GRUND NR. 91

Weil Frankfurt kein Frankfurt 21 wollte und damit zwei tolle Bahnhöfe bekam

Frankfurter blicken sehr gern auf andere und fühlen sich dann besser. Zum Beispiel geht es uns ziemlich gut, wenn wir nach Süden schauen und das Gemurkse um Stuttgart 21 betrachten. Dort soll ja der traditionsreiche Kopfbahnhof durch einen unterirdischen Durchgangsbahnhof ersetzt werden. Bauzeit und vor allem Baukosten expandieren schneller als das Universum kurz nach dem Urknall, und den Schwaben wird regelrecht schwindlig ob der Milliardenzahlen, die ständig steigen.

Interessant dabei ist natürlich, dass die Schwaben diese Kosten gar nicht selbst tragen müssen, die Hauptlasten tragen nämlich der Bund und die EU. Aber für die Stuttgarter ist wohl das Schlimmste, dass man jahrzehntelang eine ziemlich fiese Baustelle vor der Nase hat. Und das alles nur, damit die Züge in Zukunft geradeaus weiterfahren können. Das Wenden im jetzigen Kopfbahnhof verschwende zu viel Zeit, sagen die Planer. Außerdem werde nur so der Flughafen optimal an das Schienennetz angebunden.

Was das mit Frankfurt zu tun hat? In Frankfurt gab es die gleiche Planung. Ja, es hieß sogar »Frankfurt 21«, also ziemlich gleich. Stadtplaner hatten in den Achtziger- und Neunzigerjahren eine echte Vision. Sie wollten praktisch alle großen Städte untertunneln. Als verlockende Prämie für die Stadtbevölkerung wurde gesagt, dass dadurch viele Quadratmeter frischen Baulands mitten in der City frei werden würden, wodurch natürlich allgemein Wohnungen bezahlbar werden beziehungsweise bleiben würden. Gleichzeitig drohten die Planer mit dem Schreckgespenst des »Bahnhofs auf der grünen Wiese«. Weil die Bundesbahn zur Bahn AG optimiert werden müsse, habe sie keine Zeit mehr, langsam in die City zu fahren. In Kassel gibt es schon so einen seltsamen Zug-Stopp außerhalb.

Nun fragt man sich doch, warum Stuttgart die einzige Stadt ist, in der die Planungen durchgezogen wurden. Wie gesagt, in vielen Städten versuchten Planungsbüros, den Politikern und der Stadtbevölkerung die schöne neue Welt des Tunnelfahrens schmackhaft zu machen. Teuer? Klar. Aber wollt ihr, dass eure City vom ICE-Gleis abgekoppelt wird?

Aus heutiger Sicht sieht das alles anders aus. Die Bahn hat noch einmal nachgerechnet, gemerkt, dass es wirklich wahnsinnig teuer wird, eine ganze Stadt zu untertunneln, und dass die Verlegung eines Hauptbahnhofs auf die grüne Wiese eher die Bahn vom Stadtleben abkoppelt als andersherum.

Warum nur die Schwaben fleißig und akribisch weiter planten, das erklärt sich der Frankfurter so: Die Schwaben haben ihre erste Annahme einfach zu ernst genommen, haben sich darauf versteift, und die Ingenieure waren zu fleißig. Irgendwann war die Planung weit genug vorangetrieben, dass man dachte, das Projekt sei technisch durchführbar. Gerade dann brauchte eine politische Seite einen spektakulären Erfolg, und schwuppdiwupp war das verhängnisvolle Projekt aufs Gleis gesetzt.

In allen anderen Städten, die nicht Stuttgart oder Frankfurt heißen – so erklärt sich das der stolze Frankfurter heute –, plante man ebenfalls, hat das alles aber nicht hingekriegt. Siehe das Chaos rund um den Bau des Berliner Flughafens oder die Probleme der Hamburger, die nicht einmal eine Konzerthalle fehlerfrei auf einen Steinblock bauen können.

»Wir hätten Frankfurt 21 hinbekommen«, ist man sich am Main sicher. Aber wir haben noch einmal gerechnet, und außerdem sind wir viel zu selbstbewusst, um uns einreden zu lassen, die Bahn würde den Hof mitten in der Frankfurter Innenstadt aufgeben. Richtig gerechnet, richtig gehandelt. Heute haben wir ein superkomfortables System. Einen großen Hauptbahnhof und einen praktischen ICE-Bahnhof am Flughafen. Von beiden Stellen ist man in einer guten Stunde entweder in Köln oder im alten Stuttgarter Hauptbahnhof.

Und das Drumherum sieht sogar echt cool aus. Die Fußballnationalmannschaft hat im Flughafen-Bahnhof schon Werbefilme gedreht, und einen Stock höher im Squaire trat Justin Bieber zum kleinen Promotion-Konzert auf. Cooler geht es kaum und praktischer auch nicht.

Kapitel 10

DIE TEILE MACHEN DAS GANZE

Think global, act local – direkt im Stadtteil

Der Bahnhof und sein Viertel

GRUND NR. 92

Weil Bornheim das lustige Dorf ist – von Kylie bis zum FSV

Bornheim hat seinen Beinamen »das lustige Dorf« schon seit Jahrhunderten. Und klar, im Stadtteil oberhalb des Alleenrings, der aber immer noch sehr urban ist, geht es lustig zu. Aber um sich in den weniger spaßigen Vorzeiten den Titel »lustiges Dorf« zu erarbeiten, brauchte es mehr als Karnevalsvereine und ein bisschen Apfelwein.

Was die Frankfurter wirklich mit »lustig« meinten, ist Prostitution. Die war im Ort, der 1877 eingemeindet wurde, weitverbreitet. Natürlich prägten auch die vielen Gasthäuser und sogenannte Tanzböden (heute würde man Clubs sagen) den Ort. Aber viele Frankfurter lockte nichts als die Sünde nach Bornheim.

Geradezu lustig ist der heutige Versuch, das zu kaschieren: Auf der offiziellen Webseite der Stadt Frankfurt wird die ganz und gar jugendfreie Version angeboten. »Bornheim ist das ›lustige Dorf‹, und als Beweis tummeln sich über ein Dutzend Karnevalsvereine in dem Ort.« Außerdem wird dann noch angeführt, dass die »Bernemer« auch außerhalb der närrischen Zeit gern und viel feiern und sogar den Wäldchestag um einen Tag bis Mittwoch verlängern.

Na ja. Wir wissen es besser. Und heute ist vom Rotlicht wirklich nichts mehr zu sehen. Der Bornheimer Markt, mittwochs und samstags rund ums Uhrtürmchen (U-Bahn-Station Bornheim Mitte), ist gemütlich und weder zu groß noch zu klein, sehr angenehm. Und die Berger Straße ist eine echte Lebensader. Im obersten Teil gehört sie zu Alt-Bornheim, und hier sind die Lokale mit ganz stolzer Tradition zu finden.

Besonders den Solzer und die Sonne muss man mindestens einmal ausprobiert haben. Aber auch die neuere Gastrotradition hat sich entwickelt, die Pizzeria Dick & Doof genießt absoluten Kultcharakter, das Schöneberger ist ein gediegenes Szenerestaurant, das bestimmt auch in Berlin-Kreuzberg erfolgreich wäre, und direkt nebenan gibt es herrliche Drinks in der Bar Sugar.

Übrigens: Popstar Kylie Minogue hat ihren großen Auftritt bei den MTV Europe Music Awards in Frankfurt tagelang im Bürgerhaus Bornheim geprobt. Mit zahlreichen Tänzern.

Der Name Bornheim hat in Frankfurt heute einen sehr guten Ruf, besonders als urbanes Wohnviertel. Es ist citynah, es gibt relativ schöne Altbauten aus der Gründerzeit und sehr viele kleine Geschäfte, die eine gewisse Gemütlichkeit ausstrahlen. Bornheim ist so populär, dass Frankfurts Wohnungsmakler sich sogar angewöhnt haben, den Stadtteil zu vergrößern. Sie preisen alles, was irgendwo im Umfeld ist, als »Bornheim« an.

Um es klarzustellen: Die untere Berger Straße gehört nicht zu Bornheim, die ist im Nordend, und eine Straße weiter ist der Sandweg, der gehört zur einen Hälfte auch noch ins Nordend, die andere Straßenseite ist bereits Ostend. In Wohnungsanzeigen ist das oft alles Bornheim, das lustige Dorf.

Seltsam ist dieses Stiften von Verwirrung, da das Nordend eigentlich auch eine sehr populäre Wohnlage darstellt. Eigentlich gilt eine Adresse im Nordend sogar als noch besser als in Bornheim. Aber irgendeinen Grund werden die Makler schon haben, vielleicht wollen sie der Adresse einen cooleren Anstrich geben.

Eigentlich könnten wir heute Bornheim auch als »das sportliche Dorf« bezeichnen. Der Stadtteil hat immerhin einen waschechten Fußball-Zweitligisten. Der traditionsreiche FSV spielt auch tatsächlich noch im Stadion, das eigentlich »Bornheimer Hang« heißt, heute aber, typisch für Frankfurt, den Namen einer Bank trägt.

Und überhaupt muss man sagen, dass der FSV so etwas wie der Fußballclub der Herzen ist. Kleiner und weniger erfolgreich als die Eintracht, aber bodenständig und freundlich. Das positive Image hat der Club seinem langjährigen Manager und Geschäftsführer Bernd Reisig zu verdanken. Von 1994 bis 2010 war Reisig, der eigentlich als Künstlerberater (für Nena, Badesalz, Bodo Bach) bekannt war, »in der Mission FSV« unterwegs. Und er führte die Bornheimer nicht nur von der Oberliga in die 2. Bundesliga, sondern machte den Club auch menschlicher. Mit Charity-Events der originellen Sorte schaffte er das, was viele nicht hinbekommen: die Bankenwelt und das Bodenständige zusammenzubringen.

Und es gibt die Turngemeinde Bornheim, nach Mitgliederzahlen einer der größten Vereine Deutschlands, 25.000 eingetragene Sportler. Damit belegt die TG Bornheim hinter einem Verein aus Hamburg Platz zwei in Deutschland. Nur Fußballvereine, die sehr viele Fans ihrer Bundesligamannschaft als Mitglieder aufnehmen, haben noch größere Zahlen aufzuweisen.

Geschafft hat die Turngemeinde das mit einer geschickten Konversion von der spießigen Vereinsmeierei hin zum jungen Verein mit reichhaltigem Fitnessangebot. Sogar ein Schwimmbad bieten die Turner. Und genau das passt zum Charakter des Stadtteils: Bornheim ist Tradition, aber modern. Immer frisch, immer gemütlich, lustig sowieso.

GRUND NR. 93

Weil Lebensqualität im Nordend bedeutet, jeden Tag zwischen drei Gemüseläden auswählen zu können

Die Basic-Biosupermarktkette wurde in München im Stadtteil Schwabing gegründet. Dort fiel das Konzept, hochwertige Nahrungsmittel zu einem gehobenen Preis anzubieten, buchstäblich auf fruchtbaren Boden. Bildungsbürgertum mit immer größer werdendem Geldbeutel war sozusagen der Humus, der das Pflänzchen wachsen ließ. Die erste Expansionswelle aus Schwabing heraus fand ins Frankfurter Nordend statt. Gleich zwei Filialen eröffneten die Biohändler im gutbürgerlichen Stadtteil.

Auch der Autor dieser Zeilen wohnt im Nordend, und ich muss ganz klar zugeben: Ich wohne gern hier. Für mich gehört es tatsächlich zur Lebensqualität, aus dem Haus zu gehen und spontan zu entscheiden, welchen der drei nächsten Gemüseläden ich ansteuere. Ich kann zu einem Laden einer türkischen Familie gehen (tolles Obst, tolles Gemüse, dazu einen Couscous-Salat, der seinesgleichen sucht) oder zum Perser (tolles Obst, tolles Gemüse, dazu täglich wechselnde Leckereien wie Kartoffelrösti mit Safran) oder aber eben zum Biosupermarkt (tolles Obst, tolles Gemüse, dazu eine Fleischtheke mit besten Bioprodukten).

Klar, alles hier ist ziemlich teuer, aber gegenüber vom Perser gibt es auch noch einen Aldi, dort entspannt sich mein Geldbeutel dann wieder. Überhaupt: Das Nebeneinander scheint im Nordend noch zu funktionieren. Im Stadtteil, in dem Joschka Fischer lange gewohnt hat, wo um die Ecke Star-DJ Sven Väth sein Büro unterhielt, in dem mit dem Philanthropin die einst traditionsreichste jüdische Schule beheimatet ist, wo es mit dem Holzhausenschlösschen ein barockes Kleinod gibt und die Stalburg selbst gekelterten Apfelwein und eine kleine Theaterbühne bietet, gibt es auf kleinstem Raum fast alles.

Übrigens, im selben Haus wie Sven Väth hatte auch die umstrittene Band Böhse Onkelz ihr Hauptquartier. Die unter Rechtsradikalismus-Verdacht stehenden Onkelz in der Nordendstraße 30c, schräg gegenüber der auch heute noch wichtigste Sponti-Treff, das Restaurant Größenwahn – das funktioniert nur in Frankfurt.

Mittlerweile ist das Nordend geradezu zum Herzmuskel Frankfurts geworden: Zwei der größten Krankenhäuser sind hier. Außerdem sind das Frankfurter Polizeipräsidium, die Deutsche Nationalbibliothek und die Frankfurter Fachhochschule echte Nordendler. Selbst der Hessische Rundfunk residiert im Nordend – obwohl sein Gebäude Funkhaus am Dornbusch heißt. Und auch die Frankfurter Krimi-Reihe *Ein Fall für zwei* wurde bis zum Ausstieg von Privatdetektiv Josef Matula im Nordend gedreht: Die feste Kulisse des

Anwaltsbüros und die Privatwohnung Matulas waren als festes Set im obersten Stockwerk des Hochhauses BCN am Nibelungenplatz aufgebaut.

Kurz, hier hat der Frankfurter alles, was er braucht. Feines Essen zum Einkaufen, wichtige Versorgungseinrichtungen und etwas für das Ego. Und die Mieten sind immer noch etwas niedriger als im angrenzenden Westend. Wobei die Preise natürlich steigen, immer öfter sehe ich auch Menschen, die im Porsche Cayenne zum Biosupermarkt fahren und davor wild parken. Mal sehen, wie lange das Nordend noch diese Lebensqualität hat.

GRUND NR. 94

Weil Sachsenhausen heute gar nicht mehr falsch ist

Wohnungsgesuche in Frankfurt beinhalten oft einen Dreiklang als Wunsch: Bornheim, Nordend oder Sachsenhausen. Das sind die üblichen drei Verdächtigen, wenn es darum geht, wo man am liebsten wohnt. Und man muss sagen, dass Sachsenhausen, besonders rund um den Schweizer Platz, genauso viel Lebensqualität wie die nördlichen Pendants bietet.

Traditionellerweise galt Sachsenhausen als die »falsche Seite«. Die Frankfurter konnten nicht so richtig viel mit dem Stadtteil »Dribdebach« anfangen. Aber wer es sich genau anschaut, kann hier viele Vorteile entdecken. Eine urbane Kneipenlandschaft. Das Gebiet am Lokalbahnhof und das Areal Schweizer-/Textorstraße sind die Hochburgen der Apfelweingastronomie, und gleichzeitig ist man ganz, ganz schnell im Grünen. Sozusagen in der kleinen grünen Oase am südlichen Mainufer oder im Süden im riesigen Stadtwald. Beides ist zum Joggen oder zum Radfahren perfekt geeignet. Das Mainufer zusätzlich auch noch zum gepflegten Faulenzen.

Natürlich ist das Museumsufer ein absolutes Prunkstück des Stadtteils. 13 Kunst- und Kulturtempel, wie an einer Perlenkette aufgereiht. Und einmal im Jahr, meist am letzten Augustwochenende, pilgern bis zu drei Millionen Besucher hierher, zum Museumsuferfest.

Frankfurts größter Stadtteil ist einfach schön, wobei wir auch ein wenig Wasser in den (Apfel-)Wein gießen müssen: Durch den Ausbau des Frankfurter Flughafens um die neue Nordwest-Landebahn gelten die südlichsten Teile Sachsenhausens als beinahe unbewohnbar. Immer wenn Ost-Wetterlage herrscht, und das ist an circa 70 Prozent der Tage der Fall, dann donnern die Jets in 650 Metern Höhe über die Wohnhäuser.

Auch der Lerchesberg ist betroffen.Und das war immer die Gegend mit den nobelsten Villen der Stadt. Schnäppchen bietet der Immobilienmarkt hier jetzt zuhauf, denn viele Villen stehen leer. Selbst der Oberbürgermeister will seine Dienstvilla am Lerchesberg partout nicht mehr beziehen. Sie soll jetzt für Familien in kleinere Wohnungen umgebaut werden.

GRUND NR. 95

Weil sich im Bahnhofsviertel ganz neue Stadtentwickler entwickeln

Ehre, wem Ehre gebührt. Das Frankfurter Bahnhofsviertel hat sich über die Jahre stetig verbessert und entwickelt. Gerade in der letzten Zeit hat die Kreativität einen echten Schub bekommen. Genau das hat ein Teilnehmer eines Nachbarschaftstreffens neulich so auf den Punkt gebracht: »Diejenigen, die das Bahnhofsviertel wirklich voranbringen, sind doch Ata, Radu und die Ima-Brüder.«

Ata Macias, Radu Rosetti und die Brüder Ardinast sind Gastronomen, die seit Jahren eine Szene definieren. Über das gesamte

Stadtgebiet waren ihre Aktivitäten verteilt. Doch jetzt haben sie sich alle auf das Bahnhofsviertel konzentriert. Ata betreibt die Bar Plank und den Club Michel, ein Zwischending zwischen Restaurant und öffentlichem Wohnzimmer. Hier muss man sich anmelden, sitzt dann an langen Tischen, die sehr gut für die Kommunikation sind, und wird von einem Profi bekocht. Das Ganze befindet sich im ersten Stock, man schwebt also ein bisschen über der interessantesten Meile Frankfurts, der Münchener Straße.

Radu Rosetti hat früher mal die damals beste Disco Frankfurts (King Kamehameha) betrieben, heute managt er »nur« noch das Lokal Walon & Rosetti – Bar und Grill in der Moselstraße. Früher trafen sich die Szeneleute in Clubs, heute in dieser Art von Bar. James und David Ardinast versuchen, die andere Seite des Bahnhofsviertels aufzuwerten. Im Levi's-Hotel in der Niddastraße haben sie ihre Bar Chez Ima aufgemacht.

Damit wird praktisch das Frankfurter Rotlichtviertel in die Zange genommen. Denn dieses legendäre Sperrgebiet mitten in der Stadt liegt genau zwischen den neuen Treffs der Szene. Das Miteinander funktioniert allerdings gar nicht so schlecht. Für ungeübte Augen sind die Gegensätze natürlich krass: die berühmten Laufhäuser, in denen sich Prostituierte der Kundschaft auf sechs Stockwerken im Türrahmen präsentieren, und daneben alle möglichen Stripbars.

Auch klassische Bordelle gibt es hier überall, rund um die Taunusstraße. Wenn wir einen Block weiter gehen, sind wir in der Kaiserstraße. Die weist noch ein paar Porno-Shops auf, aber hauptsächlich sehen wir hochwertig restaurierte Fassaden mit Büros und Wohnungen. Viele Banken haben hier zusätzlich zum Platz in ihren Hochhäusern Raum angemietet.

Richtig zusammen kommen die Szenen in der Pik-Dame. Das ist an den meisten Tagen des Jahres eine klassische Stripbar. So wie man sich das vorstellt. Die Damen machen sich nackig, und draußen vor der Tür versucht Türsteher Karlheinz in Marktschreiermanier, Gäste in den Club zu locken. Einmal im Monat steigt hier aber der Pik-Sonntag. Dann gibt es Kleinkunst auf der Bühne und gute musikalische Unterhaltung von Bandleader Gabriel Groh. Weil die Pik-Dame als professionell geführt gilt und es heißt, dass hier nur Strip und keine Prostitution stattfindet, geht die Szene hier gern ein und aus.

Und noch einmal keine zwei Minuten Fußweg weiter kommen wir in die Münchener Straße. Mehr Multikulti als in »der Münchener« geht einfach nicht. An jedem dritten Laden steht »Halal«, es wird also mit der Einhaltung der Ernährungsvorschriften der Moslems geworben. Dazwischen sehen wir den Ein-Euro-Shop TeDi, eine Sportsbar, das Macao Casino, diverse Drei-Sterne-Hotels, aber auch die Traditionsbäckerei Heidinger oder einen alteingesessenen Schreibwarenladen namens Fleischhauer. Gegenüber hat die Schuhmacherei Lenz überlebt, und auch das Moseleck ist stadtbekannt – als sogenannte Absturzkneipe.

Einige Türen weiter finden wir die St. Tropez Bar, das ist der Treffpunkt der radikalsten Eintracht-Fans. Die »Adlerfront«, von denen viele Mitglieder als Hooligans Stadionverbot bei Eintracht Frankfurt haben, trifft sich hier immer, um die Spiele anzuschauen.

Aber auch wenn sie ein besonderes Gewürz kaufen wollen, kommen Frankfurter in diese Straße. Ob indisch, vietnamesisch oder türkisch – alles gibt es hier. Im ersten Stock der Hausnummer 55 residiert eine Moschee, der es die Anwohner im Haus zu verdanken haben, dass wenigstens freitags der Hausflur immer blitzblank gereinigt ist. Und im selben Haus im Erdgeschoss gibt es unter der Moschee die Café Bar Ipanema, die weniger Café als Zapfstelle für Alkoholika ist.

Gerade so, als ob hier ein fiktiver Planer die Gegensätze mal so richtig auf die Spitze treiben wollte, residiert am Kopf der Münchener Straße die Deutsche Vermögensberatung, eine der mächtigsten Finanzfirmen Deutschlands mit besten Kontakten in die Politik. Formel-1-Fans war ihr Schriftzug lange Jahre bekannt, als Kappen-

Sponsor von Michael Schumacher. Von Fast-Slum bis Hochfinanz, von Schmuddel-Bordell bis Szenetreff, in dem sich auch der Oberbürgermeister gern sehen lässt, ist alles dabei. Mehr Metropole als im sich entwickelnden Bahnhofsviertel geht nicht.

GRUND NR. 96

Weil das Westend mehr als Schickimicki-Image zu bieten hat

Im Westend wird gediegen gewohnt. Früher wurde hier gestritten, heute residiert man. Der geschichtlich höchst interessante Häuserkampf der Siebzigerjahre fand hier statt. Spekulanten hatten – von der Stadt ermutigt – Häuser aufgekauft, ekelten die Mieter hinaus, um das jeweilige Haus abzureißen. Dann sollten Hochhäuser an dieselbe Stelle kommen.

Stadtplaner Albert Speer beschreibt die Situation im *FAZ*-Interview (August 2013) so: »Ich hatte damals mein erstes Büro im Westend. Wir saßen also mittendrin. Und meine Mitarbeiter haben mit schwarzen Fahnen auf der Straße dagegen protestiert, dass Häuser wie unseres aufgekauft und abgerissen wurden. Hätte man die Pläne der Stadt nicht gestoppt, wäre das eine Katastrophe für Frankfurt geworden.«

Der damalige Protest war also längst nicht nur ein Hobby linker Chaoten und Steinewerfer wie Joschka Fischer und seiner Freunde. Speer vergleicht es sogar mit der heutigen Wutbürger-Bewegung gegen Stuttgart 21. Einige Hochhäuser wurden gebaut, aber viele nicht. Heute sind die alten Häuser als extrem teurer Wohnraum heiß begehrt. Auch Promis wie Michel Friedman und Ehefrau Bärbel Schäfer oder Ex-Verteidigungsminister Rudolf Scharping und seine Gräfin Pilati wohnen in solchen Westend-Bauwerken. Übrigens auch Skandalnudel Tatjana Gsell ist eine Westendlerin, aber das muss ja nichts weiter heißen, es zeugt höchstens von der Toleranz der Frankfurter.

Aber das Westend ist auch grün: Der Palmengarten und der benachbarte Botanische Garten sind herrliche Oasen, mitten in der City. Hier zahlt man Eintritt und erlebt so relativ ruhige Grünanlagen. Dazu exotische Pflanzen in den Gewächshäusern. Ohne Eintritt darf jeder den Grüneburgpark betreten, und ein Spaziergang über den neuen Campus Westend ist auch sehr angenehm. Experten sprechen jetzt schon von einem der schönsten Universitätsgelände der Welt. Frankfurt hat's aufgebaut, und niemand hat es mitbekommen.

GRUND NR. 97

Weil auch Gaga-Ideen der Stadtplaner die Innenstadt nicht kaputt machen können

Warum sollte man in einer der zentralsten Lagen der Stadt wieder kleine Hexenhäuser bauen? Häuser, nach mittelalterlichen Plänen wieder aufgebaut, in denen heute niemand mehr wohnen wollen würde, weil heute niemand morgens sein Schlafzimmerfenster aufmachen und in zwei Meter Entfernung das Nachbarhaus sehen möchte. Warum also? Zumal der Bau dieser Häuser sehr kompliziert ist, und damit man sie dann doch vermieten kann, muss man sehr viel Geld in den Innenausbau stecken.

Ja, warum tut man das dann, was gerade in Frankfurt geschieht? Auf dem Römerberg entsteht in den kommenden Jahren eine Pseudo-Altstadt mit kleinen Gassen und neu errichteten Altbauten. Die sogenannte »Ostzeile« wurde schon vor Jahren auf den Römerberg gebaut. Alte Fachwerkfassaden wurden modernen Wohn- und Geschäftshäusern vorgehängt. Die Konstruktion wies schon gleich nach Baufertigstellung statische Probleme auf und musste sogar abgestützt werden. Mensch, sah das peinlich aus auf den Fotos, die chinesische Touristen von der Europareise in ihre Heimat mitbrachten!

Hinter der Ostzeile, auf dem Areal bis zum Kaiserdom, soll nun also das 1944 durch Bomben und später durch Abriss zerstörte Altstadtviertel wieder entstehen. Sogar die Ruinen der ersten Besiedelung Frankfurts werden dafür überbaut. Sie sollen mit einem Glasdeckel überspannt und innerhalb der Gebäude zur Besichtigung freigegeben werden. Die Frankfurter haben lange darüber diskutiert, aber die Stadtregierung wollte das Projekt.

Mal sehen, ob das Geld nicht doch während der Bauphase ausgeht. Frankfurter sehen das Vorhaben mittlerweile gelassen. Natürlich hätte der Stadt auch ein lebendiges Zentrum gut zu Gesicht gestanden, aber »wir werden das Kind schon schaukeln« und das Beste daraus machen.

GRUND NR. 98

Weil im Osten hinter dem Ostend noch lange nicht Schluss ist

Eines der größtmöglichen Aha-Erlebnisse hat der Frankfurter Innenstädter, wenn er einmal mit dem Fahrrad quer durch den Günthersburgpark fährt, nach Alt-Bornheim und dann noch weiter die Berger Straße entlang. Es wird immer dörflicher. Und plötzlich geht es steil bergab. Das ist dieser bekannte Bornheimer Hang.

Unten angekommen, unterquert man neuerdings (leider) die Stadtautobahn, aber eigentlich ist die so weit über den Köpfen, dass man sie ignorieren kann, und dann ist man echt im Dorf. Das heißt Bergen-Enkheim.

Man findet ein paar Straßen mit schönen traditionellen Läden. Hier ist die Welt noch in Ordnung. Am Hang stehen einige Villen, die aber nicht zu großartig ausgefallen sind, sie zeugen von eher moderatem Reichtum. Auch das Großstadtgetöse vom nahen Frankfurt spürt man hier überhaupt nicht.

Wir sind aber auch in der Heimat des »Stadtschreibers von Bergen«. Seit 1974 wird der bedeutendste Stadtschreiberpreis Deutschlands hier in der citynahen Idylle vergeben. Immer im Spätsommer auf dem »Berger Markt« wird der neue Bewohner des Stadtschreiberhauses eingeführt. Dann heißt es regelmäßig: Hochliteratur trifft auf Dorfleben. Die Bergen-Enkheimer sind nämlich wahnsinnig stolz auf ihren Stadtschreiberpreis. Und die Schriftsteller respektieren die Ehrung.

Das liegt gewiss nicht am Wohnrecht für ein Jahr und auch nicht am Preisgeld von circa 20.000 Euro. Größen wie Wolfgang Koeppen, Peter Rühmkorf, Peter Härtling, Jurek Becker, Ulla Hahn oder sogar die spätere Literaturnobelpreisträgerin Herta Müller nahmen den Preis an. Und als Laudatoren schauten im Bergen-Enkheimer Festzelt noch prominentere Literaten vorbei: Günter Grass, Marcel Reich-Ranicki, Alfred Grosser, Jean Ziegler und noch viele mehr.

Der Osten zeigt also ein überraschendes Gesicht. Nicht nur das Ostend wird in Sachen Kultur immer aktiver.

GRUND NR. 99

Weil Höchst so selbstbewusst ist

43 Stadtteile hat Frankfurt, und den größten Stolz aller eingemeindeten Orte besitzt wohl immer noch Höchst ganz im Westen. Natürlich weil man einen einstigen Weltkonzern hervorbrachte, der sogar den Namen in aller Welt verbreitete: die Farbwerke Hoechst, später, ab 1974, Hoechst AG genannt. In den Achtzigerjahren war die Hoechst AG der größte Pharmakonzern der Welt. In den

Neunzigern folgten Fusionen und Umstrukturierungen, die im Jahr 1999 ihren Höhepunkt in der Zerschlagung des Konzerns hatten.

Heute gibt es an gleicher Stelle den Industriepark Höchst, der aus vielen verschiedenen Spezialfirmen besteht und wieder richtig floriert. Etliche Weltmarken wären aufgeschmissen ohne spezielle Vorprodukte aus Höchst.

Aber auch die vorindustrielle Geschichte von Höchst am Main ist interessant. So gibt es hier gleich zwei echte Schlösser. Das macht die Frankfurter aus der Innenstadt natürlich richtig neidisch. Schließlich hat die großartige Stadt Frankfurt kein einziges solches Bauwerk. Hier im Westen gibt es das Höchster Schloss, das aussieht wie eine Burg und einen sehr malerischen Schlossplatz aufweist – perfekt für eine kleine Speise in einem der Restaurants.

Größer ist allerdings der Bolongaropalast, ein privater Barockbau, in dem heute die Stadtverwaltung residiert. Im Innenhof gibt es ab und zu tolle Feste und im Sommer immer die Theaterfestspiele Barock am Main mit Theaterklassikern auf Hessisch. Sogar TV-Entertainer Harald Schmidt ist hier schon aufgetreten.

GRUND NR. 100

Weil die Frankfurter Küche einen Stadtteil geprägt hat und sogar museumsreif ist

Es ist noch gar nicht so lange her, da lief ich in New York durch die Ausstellungshalle des Museum of Modern Art. Plötzlich stand ich vor einem grauen Klotz, einem Küchennachbau. Und auf dem begehbaren Ausstellungsstück las ich den Namen meiner Stadt. »Frankfurter Küche« steht da in der MoMa-Ausstellung.

In der Tat wurde in Frankfurt Küchengeschichte geschrieben. Die Architektin Margarete Schütte-Lihotzky entwarf in den

Zwanzigerjahren die weltweit erste Einbauküche für die Siedlungen in der Frankfurter Römerstadt. Das ist das Bauprojekt von Stadtrat Ernst May, der Vertreter der Bauhaus-Bewegung war und am Rande des Stadtteils Ginnheim bezahlbare Häuschen baute, wo früher eine römische Siedlung namens Nidda stand. Das Ziel der Bauten mit insgesamt 1.220 Wohnungen: Auch einfache Leute sollten komfortabel wohnen dürfen. Die Zimmer waren klein, aber sorgfältig geplant. Und dazu gehörte eine Küche, die platzsparend, aber ergonomisch entworfen wurde.

Die Frankfurter Küche machte Schule und der Bauhausstil auch. Die heutigen Reihenhäuschen sind quasi die Nachfolger dieser Art zu bauen. Selbst heute genügen die Gebäude in der Römerstadt noch aktuellen Ansprüchen. Viele Häuschen werden seit Jahrzehnten von denselben Frankfurtern bewohnt, was ja wohl zeigt, wie wohl sie sich darin fühlen.

Viele sind heute auch Eigentümer ihres kleinen Häuschens. Und seit 2003 wohnen sie auch offiziell in denkmalgeschützten Häusern. Das alles ist heute Kulturgut, dabei sollte es damals doch nur praktisch sein.

GRUND NR. 101

Weil in Sossenheim Underdogs und Weltmeister zu Hause sind

Mimoun Alaoui nennt sich »Sohn des Betons«, und er sagt das mit Stolz. Stolz ist sowieso ein Wort, das er sehr gern ausspricht. Denn er sagt auch: »Ich war schon immer stolz auf Sossenheim.«

Wir sprechen von einem Stadtteil im Nordwesten Frankfurts, mit gut 15.000 Einwohnern, der von der Autobahn A 66 eingegrenzt wird. Sein alter dörflicher Kern und seine Hochhaussiedlungen haben eine zweigeteilte Bürgerschaft herausgebildet: Alt-Frankfurter auf der einen und Einwanderer-Familien aus aller Herren Länder auf der anderen Seite.

»Schau mich doch an«, sagt Mimoun Alaoui und lächelt verschmitzt, »Lederjacke, Boxer-Haarschnitt, ich seh aus wie ein Schwerverbrecher.« Und über seine Hochhaussiedlung in der Toni-Sender-Straße sagt der Sossenheimer: »Hier ist viel passiert: Morde, Schießereien. Und wenn man sich mit dieser Adresse irgendwo bewerben will, hat man Schwierigkeiten.«

Die Sossenheimer waren in der Vergangenheit nie sehr geschickt in puncto Selbstvermarktung. Das zeigt die Geschichte um den Schermulybrunnen, aus dem ein ziemlich übel riechendes Mineralwasser strömt. Im Wasser gelöster Schwefel ist wohl schuld am Problem dieses Geruchs.

Aber während die Einwohner des benachbarten Bad Soden, die so ziemlich das gleiche Wasser haben, aus ihrer Stadt ein Heilbad machten, glaubten die Sossenheimer im Jahre 1925 einer Studie, die ihnen beschied, das sei kein Heilwasser. Enttäuscht rümpften sie die Nase, resignierten und nannten den Brunnen auch »Faulbrunnen«.

Das klingt doch schon so ein bisschen nach Underground. Trotzig benennt man ein Problem und gibt sich damit zufrieden, dass man halt einfach damit gestraft ist. Sogar das Wasser aus Mutter Erde ist hier faulig, wie soll da die Welt gut werden?

Wenn wir uns die Liste der berühmten Söhne anschauen, finden wir allerdings mehr interessante und schillernde Namen als in manch anderem kleinen Bundesland: Boxpromoter Ebby Thust, Fußball-Weltmeister Andreas Möller, Techno-DJ Mark Spoon sind alle Sossenheimer gewesen. Der deutsche Radsport hat Sossenheim sowieso auf der Landkarte: Die legendären Gebrüder Moos organisierten das Henninger-Turm-Radrennen jahrzehntelang aus ihrem Heimatstadtteil heraus, und der Rad- und Triathlon-Star Kai Hundertmarck hat auf der Hauptstraße immer noch seinen Fahrradladen.

Die intellektuelle Welt kennt den Stadtteil natürlich durch Chlodwig Poth. Der Karikaturist lebte von 1990 bis 2004 im graubunten Dorf, und für seine Bilderserie in der *Titanic*, »Last Exit Sossenheim«, hatte er dem Volk auf den Mund geschaut. Der schrille, mediokre Architekturmix und was er mit den Menschen macht, wie sie sich auf Frankfurterisch anfrotzeln, abgrenzen, wichtig nehmen – das war echte Frankfurter Schule. Durch Chlodwig Poth wurde Sossenheim zum gesellschaftlichen Synonym für Vorstadt. Und das ist heute immer noch so.

Und im deutschen Rap ist Sossenheim auf dem Weg, das zu werden, was einst Rödelheim war: die gefeierte Heimat eines Rapstars. Denn Mimoun Alaoui nennt sich seit einiger Zeit Du Maroc und ist ein Held der Gangster-Rapper in Deutschland. Erstaunlich ist das schon, weil er in seinen Texten keine Minderheiten runtermacht, nicht wie Bushido und Co. ausgrenzt und Gewalt verherrlicht. Eigentlich müsste Du Maroc ganz schnell den Integrations-Bambi zugesprochen bekommen, den Bushido zu Unrecht bekommen hat.

Aber es gibt in Sossenheim auch das Kosmos Jugendzentrum. Das ist auch so ein multikultureller Ort, den man sich nur in Frankfurt und in ganz wenigen anderen Städten vorstellen kann. »Wir haben 40 Nationen hier«, sagt der Leiter Ali Yilmaz, der sich »Apache« nennt.

Im Keller der Einrichtung hat er eine Kampfsportschule für Kickboxen und K-1 eingerichtet. Und hier kann man Emmanuel Lique Canaveral treffen. Er sagt über Apache: »Vater ist nicht der, der dich gezeugt hat. Vater ist der, der dich zum Mann macht.«

Emmanuel ist zweifacher Weltmeister in seinem Sport. Dieser heißt »K-1« und ist einfach nur ein Regelwerk, das in den Achtzigerjahren geschaffen wurde und erreicht hat, dass Kämpfer aus unterschiedlichen Kampfsportarten wie Kung-Fu, Karate oder Kickboxen gegeneinander antreten können. Emmanuel trägt die Weltmeistertitel der Verbände WKA und WKU. Sein Zwillingsbruder ist sogar noch erfolgreicher: Joan Manuel Lique Canaveral ist Weltmeister nach Version von IKBO, ISKA, WKA und WKU. Ein vierfacher Weltmeister also.

Wer hätte gedacht, dass wir auf unserer Tour durch Sossenheim in einem Keller direkt neben der Bahnstrecke mehrfache Weltmeister treffen? Ausgerechnet in Sossenheim!

Kapitel 11

WAS FRANKFURTER AN FRANKFURT SCHÄTZEN

Wir finden uns auch selbst gut

Zeil, Hauptwache und Roßmarkt mit Katharinenkirche, 1901

Weil Baulöwe Jürgen Schneider fürs Stadtbild gut war

Über den Peanuts-Skandal lacht die gesamte Republik. Dr. Jürgen Schneider, der Baulöwe, hat die Deutsche Bank und ganz Frankfurt lächerlich gemacht. Er hat eine verheerende Bilanz hinterlassen. So denkt man heute jedenfalls. Und es stimmt ja auch zu großen Teilen.

Bevor er seine Milliardenpleite hinlegte, war der Königsteiner in Frankfurt so ziemlich der bestangesehene Wirtschaftsvertreter. Er residierte schlossähnlich im Vordertaunus und baute Schmuckstücke in Frankfurt, Leipzig und anderen Städten. Dr. Schneiders Spezialität war das Restaurieren alter Gebäude, die im Stadtbild wichtig waren. Den Fürstenhof zum Beispiel direkt neben der Frankfurter Oper rettete er, indem er die Fassade mit 20 Meter hohen Stahlträgern stützen ließ. Hinter die Fassade baute er ein neues Gebäude, in das die damalige Dresdner Bank einzog.

Wer eine so ausgeprägte Liebe für Historie und Details hat, muss auch ein guter Mensch sein, war die vorherrschende Meinung. Dass der Mann hemmungslos Handwerkerrechnungen drückte und die ehrlichen Restauratoren, Schreiner und Maurer reihenweise in den Ruin trieb, ahnten wir damals nicht.

Wer sich heute an die Aktivitäten des Jürgen Schneider erinnert, spricht meist anerkennend davon, dass er die Deutsche Bank über den Tisch gezogen hat. Beim Bauprojekt »Zeilgalerie« – ausnahmsweise mal ein Schneider-Bau, der eine komplette Neuerrichtung ist – erschummelte er sich von der größten und angesehensten Bank einen viel zu hohen Kredit. Schneider gab einfach eine höhere Quadratmeterzahl an, als es der Realität entsprach. Dass die tatsächliche Fläche auf dem Schild an der Baustelle öffentlich einsehbar war, ist ein Treppenwitz der Geschichte. Hätte einer der Banker die knapp

500 Meter Fußweg zum Anfang der Zeil gemacht und die Aufschrift gelesen, wäre ihm der Betrug frühzeitig aufgefallen.

Gerüchte bekämpfte Schneider mit Glamour. Im obersten Stockwerk der Zeilgalerie baute er eine Showbühne. Für ein regelmäßiges Talkprogramm engagierte er den Moderator Günther Jauch (und bezahlte ihn pünktlich). Übrigens: Einen Warm-up-Moderator engagierte er auch, das war ein Hobby-Moderator, der im Hauptberuf nebenan an der Börse Wertpapiere handelte. Der Name des jungen Nachwuchsmoderators: Kai Pflaume. Jauchs Manager nahm Pflaume damals unter seine Fittiche und machte ihn groß.

Zurück zu Dr. Schneider: Mit der Zeilgalerie galt er als Retter der Einkaufsmeile, deren Protagonisten damals gerade höllische Angst vor dem aufkommenden Boom der Einkaufszentren hatten. Mit dem Fürstenhof galt Schneider als Retter der Wallanlage, und mit einem anderen Projekt, der Schiller-Passage, einer Mischung aus Alt und Neu, galt er als Innovator der gesamten Innenstadt.

Als Schneider sich dann absetzte, war die Überraschung groß. Gerüchte sagen, er habe ein Bankett für ein paar Dutzend Honoratioren der Stadt gegeben, sich im Laufe des Abends höflich entschuldigt, den Raum verlassen, einen Hubschrauber bestiegen und die Flucht angetreten. Die Gesellschaft habe erst gar nicht bemerkt, dass der Zampano sich verkrochen hatte. Diese Geschichte ist nicht verifiziert, aber die gesamte Schneider-Saga ist sehr schillernd. Sie könnte also wahr sein.

Doch schauen wir unter den Strich. Die Handwerker waren die gutgläubigen Opfer, ihr Schicksal ist schlimm. Die Deutsche Bank hat den Schlag mehr als verkraftet. Der damalige Chef Hilmar Kopper sprach ja diesen arroganten Satz, das seien alles nur »Peanuts«, womit er ja wohl aus seiner Sicht auch recht hatte. Und für Banker zählt schließlich nur ihre Sicht der Dinge.

Aber Frankfurt? Frankfurt hat damals schöne Gebäude bekommen und hat sie behalten. Die Zeilgalerie war zwar schlecht geplant, aber sie hat heute ein professionelles Management. Sie ist mittlerweile ein Ort für kleine Läden, die sich sonst nie eine Ansiedlung in einer Eins-a-Großstadtlage leisten könnten. Der Fürstenhof sieht gut aus, und die Schiller-Passage ist rundum gelungen. Sie ist geradezu ein Prachtbeispiel für ein kleines Einkaufszentrum, das das Parkhaus elegant einbindet. Wir können also nach Jahren sagen: And the winner is – Frankfurt!

GRUND NR. 103

Weil Frankfurt einen eigenen »Nationalfeiertag« hat

In Frankfurt dauert Pfingsten einen Tag länger als überall sonst. Der Dienstag nach dem Pfingstmontag ist der »Wäldchestag«. Im Stadtwald, gleich neben dem Stadion, in dem sonst die Eintracht kickt, wird ein riesiges Volksfest aufgebaut. Hier gibt es alles, was zur traditionellen Zerstreuung gehört: Fahrgeschäfte, Biergärten und sogar eine Wahrsagerin.

Der schwäbische Romantiker Wilhelm Hauff muss recht schockiert gewesen sein, dass die Frankfurter das Fest so seltsam begehen. In *Mein Besuch in Frankfurt* schrieb er: »Kommt man um die Zeit des Pfingstfestes nach Frankfurt, so sollte man meinen, es gebe keine heiligere Stadt in der Christenheit; denn sie feiern daselbst nicht wie zum Beispiel in Bayern eineinhalb oder, wie im Kalender vorgeschrieben, zwei Festtage, sondern sie rechnen vier Feiertage; die Juden haben deren sogar fünf, denn sie fangen in Bornheim ihre heiligen Übungen schon am Samstag an.«

Die inoffizielle Bezeichnung »Frankfurter Nationalfeiertag« hatte früher sogar ihre Berechtigung. Frankfurter Firmen gaben ihren Angestellten ab zwölf Uhr frei. Auch die Schulen waren nach der vierten Stunde zu. Im Zuge der Globalisierung wurde das aber abgeschafft. Wahrscheinlich war es den Börsianern und Bankern nicht möglich, ihren Geschäftspartnern in Übersee klarzumachen, was dieser Wäldchestag ist.

Schade eigentlich.

GRUND NR. 104

Weil Frankfurts High Society im Transvestiten-Laden einkauft

Achtung, jetzt gibt es einen Geheimtipp – leider nur für die Damen. Oder aber für die Herren, die sich als Damen fühlen. Im Frankfurter Bahnhofsviertel lebt man nämlich auf hohem Fuß. Allein berufsbedingt brauchen die Menschen, die hier arbeiten – zumindest einige von ihnen – High Heels. Und sie brauchen viele Paare davon, die auch noch bequem sein sollten.

Hohe Schuhe mit zwölf Zentimetern Absatz oder mehr, die gleichzeitig robust und bequem sind, die soll es geben? Klar, von Top-Designern wie Louboutin oder Prada gibt es wohl so etwas, aber zu erschwinglichen Preisen? Doch, im Schuhgeschäft Orlando in der Taunusstraße. Also, wenn Sie so prominente Personen wie TV-Moderatorin Sonya Kraus oder die in Frankfurt bekannte Designerin Simone Plitzko in dieser Gegend sehen, dann sind die wahrscheinlich auf dem Weg zu Orlando. Ordentliche High-Heels-Sandalen zu 80 bis 120 Euro kann man hier kaufen. Und nicht alle Modelle sehen »nuttig« aus, wie man so sagt.

Allerdings: Frau braucht schon ein gesundes Selbstbewusstsein. Einmal, um sich in diese Gegend zu wagen. Es ist wirklich das Herz des Rotlichtviertels. Und außerdem, um im Laden vor Ort aus dem Sortiment die höherwertig aussehenden Modelle herauszusuchen. Aber wer wagt, der gewinnt hier einen guten Deal.

Und Übergrößen für Drag Queens, also Männer, die Damentreter mit Absatz schätzen, die findet man hier auch.

Weil Frankfurt fast immer feiert

In Frankfurt sind die Nächte heiß! Das war sogar ein Filmtitel. Okay, das war nur ein Schmuddel-Film mit Barbara Valentin aus den Sechzigerjahren. Aber wir wissen ja durchaus, dass in Frankfurt ganz gut gefeiert wird. Und das nicht nur nachts. Auch tagsüber und ganz besonders im Sommerhalbjahr findet ein Fest nach dem anderen in der City und in den Stadtteilen statt.

Die Gastronomen hassen das. »Wir zahlen das ganze Jahr Steuern, und dann kommt so ein Standbetreiber und macht an den schönsten Tagen des Jahres den großen Reibach«, erzählt mir ein wichtiger Restaurantbetreiber. Nun ja, weil den Frankfurtern der Spaß gegönnt werden soll, gibt es Feste, und die örtlichen Gastronomen werden bevorzugt, wenn es um die Standvergabe geht.

Zu den größten Feierlichkeiten gehört natürlich das Museumsuferfest, das längst nicht mehr eine vergeistigte Schau der Kunsttempel ist, sondern im August etwa drei Millionen Leute rund um den Main unterhält. Das Mainuferfest ist das traditionelle Pendant dazu Anfang August, mit Riesenrad und so. Traditionell wird auf dem Festplatz am Ratsweg vor der Eissporthalle die Dippemess gefeiert, und zwar zweimal im Jahr, im Frühling und im Herbst. Und der Wäldchestag im Stadtwald ist über das Pfingstwochenende bis einschließlich Dienstag akut. Relativ neu ist das Frankfurter Oktoberfest: ein Bierzelt mit Schunkelmusik, für das man allerdings Tickets im Vorverkauf erwerben muss. Kann aber sehr lustig sein.

Wer eine Nummer kleiner feiern möchte, liebt die Straßenfeste. Das Schweizer Straßenfest ist das größte seiner Gattung, es geht immer in der zweiten Junihälfte über die Bühne Sachsenhausens.

Das Bergerstraßenfest hat seinen angestammten Platz im Kalender Anfang Juni. Es macht aber nur die untere Bergerstraße unsicher, also den Teil, der zum Stadtteil Nordend gehört. Oben in Bornheim wird bei der Bernemer Kerb gefeiert, im August.

Zwischenzeitlich im Juli feiert Höchst sein Schlossfest. Und Sachsenhausen hat Ende August auch noch das traditionelle Brunnenfest.

Auf der Freßgass und dem angrenzenden Opernplatz ist auch oft was los. Das sind übrigens die Feste, die die eingesessenen Gastronomen am meisten ärgern. Weil hier eine gehobene Klientel Prosecco, Weißwein und Austern konsumiert. Hier wird also viel Geld ausgegeben.

Der Reigen beginnt mit dem Freßgassfest im Mai. Ende Juni folgt dann das Opernplatzfest. Damit ist die City zu. Und zum Beginn des Septembers startet das Rheingauer Weinfest auf der Freßgass. Winzer aus dem Rheingau zeigen, wie viel Kraft sie ins Glas bringen. Toller Riesling, Spätburgunder und Co.

Die wildeste Open-Air-Party, zumindest optisch, ist der Christopher Street Day an der Konstablerwache. Das Riesenfest der Gay-Community findet immer Mitte Juli statt. Drei Tage mit Live-Musik und politischen Diskussionen an den Infoständen kommen am Samstagmittag zum Höhepunkt, wenn die Straßenparade abgeht. So bunt kennen selbst die Frankfurter ihre Stadt sonst nicht.

Auch die Nacht der Museen hat sich zu einer festen Größe im Feierkalender entwickelt. Im Mai öffnen die Häuser auch nachts. Natürlich nicht nur am Museumsuferfest, aber dort geht die Party ab, weil sich die meisten Häuser ja hier befinden.

Und noch zwei Feste sollten wir nicht vergessen: das Rosen- und Lichterfest im Palmengarten für Botanikfreunde im Juni und das Antoniterfest, eine interessante Frankfurter Spezialität. Am dritten Augustwochenende feiern in der Innenstadt nämlich die Interessengemeinschaft Töngesgasse, also die Geschäftsbetreiber einer schönen Straße, gemeinsam mit den Padres des benachbarten Liebfrauenklosters. Mönch meets Multikulti. Geschäftsleute und Geistliche, das ergibt eine tolle Mischung.

GRUND NR. 106

Weil Frankfurt Fahrradstadt ist

Manchmal will ich es genau wissen. Mein fast täglicher Weg führt vom Frankfurter Nordend nach Bockenheim. Das ist gar nicht so weit. Mit dem Auto dauert es normalerweise nicht lange – vielleicht gute zehn Minuten. Morgens um halb neun gibt es aber Stau auf der Allee, man muss deshalb eine Fahrzeit von mindestens 35 Minuten einplanen. Und dann einen Parkplatz zu finden ist Glückssache. Das kann ganz schnell gehen, aber auch nochmals 15 Minuten dauern. Völlig unberechenbar also.

Mit Bus und Bahn fahre ich – je nach Verbindung – bei einmal Umsteigen ungefähr 30 Minuten. Aber meistens nehme ich das Fahrrad. Und bei gemütlicher Fahrweise brauche ich für die Strecke 17 Minuten und 30 Sekunden. Ich habe ja schon erwähnt, dass ich es einmal ganz genau wissen wollte. Das ist unschlagbar.

Und selbst wenn ich einen Termin in der Frankfurter City habe, kann ich so lange an meinem Schreibtisch arbeiten, bis nur noch rund 30 Minuten Zeit bis zum vereinbarten Treffen bleibt. Keine Einbahnstraßen, keine Parkplatznot, Fahrradfahren ist in Frankfurt echt immer die schnellste Alternative. Und es ist auch völlig anerkannt. Fahrradfahrer im Anzug, die zur Arbeit fahren, sehen wir ständig.

Frankfurt ist aber noch gar nicht so lange eine fahrradfreundliche Metropole. Erst der Grüne Stadtrat Lutz Sikorski – leider viel zu früh verstorben – hat überall in der Stadt Fahrradständer aufstellen lassen. Seine Devise: Überall, wo eine Straße aufgerissen wird, ein Bürgersteig neu gepflastert wird, muss intensiv geprüft werden, ob dort möglichst viele Metallbügel zum Fahrradanschließen installiert werden können.

Heute muss ich fast nie mein Rad an einem dafür ungeeigneten Gartenzaun oder an einer Laterne parken. Ein Sikorski-Bügel ist fast überall frei.

Kleiner Tipp: An einem Bügel können zwei Fahrräder angeschlossen werden, auf jeder Seite eines. Wenn mehrere Plätze frei sind, wählen Sie einfach einen Bügel, der auf einer Seite schon belegt ist. Warum? Weil dann kein Idiot kommen kann, der aus Versehen Ihr Fahrrad mit seinem Schloss mit anschließt. Genau das ist mir mal während eines Kinobesuchs passiert. Toll! Ich musste mit dem Taxi heimfahren, und erst am nächsten Tag war mein Fahrrad wieder frei.

Das Gegen-die-Einbahnstraße-Fahren ist in Frankfurt für Fahrradfahrer fast überall erlaubt. Das ist auch wichtig, da Frankfurt sehr viele Einbahnstraßen hat. Die Radfahrer sind sowieso immer gefahren, wie sie wollten, und es funktioniert ziemlich reibungslos. Echte Konflikte zwischen Zwei- und Vierradbenutzern sind nicht an der Tagesordnung.

In einigen Straßen wurden die Radfahrer sogar privilegiert. So ist zum Beispiel die Nobeleinkaufsmeile Goethestraße offiziell eine Fahrradstraße mit Duldung des Autoverkehrs. Ausgerechnet wo man für Geld alles bekommt – Anzüge für Tausende von Euros, handgemachte Schuhe, Handtaschen zu 30.000 Euro –, ausgerechnet hier hat der Fahrer einer Nobelkarosse die zweite Geige zu spielen. Für kein Geld der Welt kann er sich die Vorfahrt kaufen.

GRUND NR. 107

Weil Frankfurt heute wirklich Tourismus-Destination ist

Ein ums andere Jahr steigen in Frankfurt die Besucherzahlen. Selbst in den Jahren der weltweiten wirtschaftlichen Krisen wachsen die Übernachtungszahlen jedes Jahr um rund drei Prozent. Und es werden immer mehr Touristen – also Besucher, denen es nicht darum geht, in einer Anwaltskanzlei persönlich ihre Unterschrift abzugeben oder in einer Bank um einen Kredit zu betteln.

Sie kommen und trinken einen Schoppen (Apfelwein), probieren die Grüne Soße oder einen Handkäs'. Sie wandeln rund um den Main, zum Goethehaus oder in eines der 43 Museen.

Quizfrage: Welche deutschen Städte ziehen am meisten Besucher an? Okay, Berlin ist die Nummer eins bei Touristen, dann kommen München und Hamburg, aber Köln haben wir Frankfurter mal schön hinter uns gelassen. So um die sieben Millionen Übernachtungen für Gäste aus aller Herren Länder verzeichnen die Frankfurter Hotels, die damit zu 68 Prozent ausgelastet sind.

Die größte Gruppe sind übrigens gar nicht die Chinesen, wie viele Frankfurter es gefühlt annehmen. Die Amerikaner sind immer noch top, gefolgt von den Briten. Dann folgen die Staaten, die zurzeit immer reicher werden: Türkei, Russland und China. Dort entwickeln sich Mittelschichten, die gern reisen und offen sind, Neues auszuprobieren.

Vielleicht ist unser Kaiserdom ja doch interessanter als der Kölner Dom. Vielleicht ist unser Main ja schöner gestaltet als der Rhein, denn zugeben müssen wir ja schon: Beides ist in Köln größer und prunkvoller. Aber für Frankfurter zählt halt, was man daraus macht.

GRUND NR. 108

Weil die Protagonisten der Frankfurter Barszene Freunde sind

Wenn es jemanden gibt, der ganz nah dran ist am Puls einer Stadt, dann ist das der Barkeeper. Sorry, eigentlich sagt man nicht »Barkeeper« zum freundlichen und kompetenten Herrn, der die feinen Drinks mixt. »Bartender« wäre der richtige Begriff. Der »Keeper« ist eher das, was ein Hausmeister für ein Gebäude ist, also der Mann für alles. Aber wer kann sich das schon merken, wenn er ein oder zwei Drinks intus hat. Die Gäste sagen immer Barkeeper, und weil die Bartender sehr freundliche Menschen sind und niemanden bevormunden wollen, widersprechen sie nicht. Untereinander nennen sie sich aber Bartender.

Und untereinander sind die Bartender in Frankfurt eine eingeschworene Gemeinschaft. »Wir mögen uns«, sagt Branimir Hrkac, genannt Ban Piva, aus der Bristol Bar. Und selbst der prominenteste Bartender Frankfurts, Andrès Amador aus der Jimmy's Bar, gibt ganz bescheiden zu, dass auch die jungen Wilden hinter dem Tresen gut sind: »Die können Sachen, die ich nicht kann.« Aber lachend fügt der Grandseigneur der Frankfurter Barszene hinzu: »Natürlich kann ich auch einiges, was die nicht draufhaben.« Amador hat gut lachen, seine Jimmy's Bar im Untergeschoss des Hessischen Hofs ist völlig unumstritten die erste Adresse für den gepflegten Drink. Ein Ambiente, dass man denkt, gleich kommt James Bond herein.

Und Gabriel Daun, Bartender in der Gekkos Bar im Hilton Hotel, erzählt: »Manchmal kommt ein Gast und sagt genau, wie er sich einen bestimmten Drink wünscht, und dann weiß ich: Hey, der war bestimmt vorher beim Kollegen XY. Man kennt ja die anderen und weiß, wie sie arbeiten.« Wenn er das dann dem Gast sagt, ist der erstaunt, aber es gefällt ihm auch.

Die wichtigsten Frankfurter Bar-Stars sind Protagonisten einer interessanten Dokumentation des Filmemachers Thomas Pohl. *frankfurtBars* ist ein Streifen, der besonders beleuchtet, was die Szene der Nacht über die Stadt generell aussagt. Das Fazit: In Frankfurt respektieren sich Profis untereinander. »In München würde man sich nicht den Schmutz unter den Fingernägeln gönnen«, sagt einer von ihnen. »In Frankfurt schicken wir einen Gast auch ruhig mal zum Kollegen und sagen: Wenn dir mein Drink gefällt, solltest du auch mal probieren, wie mein Kollege das macht, und mir irgendwann mal erzählen, wie du es findest«, ergänzt Hrkac aus dem Bristol. Und Amador resümiert stolz, dass diese Gelassenheit die gesamte Szene besser macht. In Jahrzehnten des Dienstes in der Jimmy's Bar hätte er noch kein einziges Mal die Polizei rufen müssen. Kein richtiger Streit mit einem Gast.

Christian Weber aus dem Sullivan spricht mit einem sehr breiten Münchner Dialekt. Das klingt interessant, besonders wenn er sagt, dass er Frankfurt toll findet. »Als ich hierher gekommen bin, dachte ich: Oh Gott, Frankfurt! Drogen, Kriminalität, Gewalt!« Aber schon nach recht kurzer Zeit habe er gemerkt, dass die Stadt viel schöner ist als ihr Image. Dass sie etwas Besonderes hat.

Vielleicht ist ja gerade diese Erfahrung ein Grund, warum sich Bartender untereinander, aber auch mit ihren Gästen so gut verstehen. Weil sie alle irgendwann genau die gleiche Erfahrung gemacht haben: vor Frankfurt Angst gehabt, verflucht, dass man hingehen musste, überrascht von der Herzlichkeit, nicht mehr weg wollen. Auch eine Art der Suchtkarriere.

GRUND NR. 109

Weil Frankfurt ein Pflaster für Russinnen und Russen ist

Wir haben immer wieder einen echten Aha-Effekt. Da kennen wir einen bestimmten Designer oder eine Designerin und finden deren Mode ganz schön und kreativ. Aber warum er oder sie plötzlich einen dreimal so großen Laden in einer doppelt so guten Lage wie bisher bezieht, ist uns rätselhaft.

»Ja, es läuft echt gut bei mir«, sagte einer von diesen Glücklichen neulich, »besonders seit ich in der russischen *Vogue* einmal erwähnt wurde.« Aha. Die Russen kommen, und sie lieben das Shopping in Frankfurt. Sie fliegen ein, finden einen viel besser organisierten Flughafen als zum Beispiel in London oder Paris. Sie residieren in den besten Hotels, wie dem Frankfurter Hof, der Villa Kennedy oder – wenn es cooler sein soll – im Roomers Hotel und zahlen dort höchstens ein Drittel im Vergleich zu den Palästen in anderen Metropolen.

Der Preis spielt für die reichen Russen durchaus eine Rolle. Zumindest symbolisch. Sie würden ruhig für einen Armreif 5.000 Euro mehr zahlen, wenn sie aber für eine Luxussuite 500 Euro weniger zahlen, freuen sie sich diebisch. »Vor allem bin ich genervt, wenn ich den Eindruck habe, dass ich betrogen werde«, beschwert sich zum Beispiel der ukrainische Oligarch Mohammed Zahoor. Mit seiner Frau, der Sängerin Kamaliya, kommt er gelegentlich nach Frankfurt. Er isst gern im Restaurant Zenzakan und auf der Goethestraße wird geshoppt. Den beiden gefällt das seriöse Gebaren in Frankfurt. Auf der Meile der Reichen gibt es alles: Tiffany's, Gucci, Ferragamo, Chanel, Prada und noch viel mehr. Und alle haben mittlerweile Verkaufspersonal, das fließend Russisch und Mandarin, also Hochchinesisch, spricht.

Und dazwischen gibt es eben so coole Frankfurter Kreative wie den Designer Abaci. Innovative Herrenmode. Nur auf die Frankfurter Klientel muss er sich nicht mehr verlassen.

GRUND NR. 110

Weil Anzug-Alex in den Büros vorbeischaut

Wer als Mann in einem Büro arbeitet, der braucht in Frankfurt in den meisten Fällen einen Anzug. Zwar hat die Finanzwirtschaft fast flächendeckend den »Casual Friday« eingeführt, das heißt, am letzten Tag der Arbeitswoche darf man in Freizeitklamotten kommen. Einige Institute gehen noch einen Schritt weiter, da gibt es den »Casual Wednesday«, also den schlipslosen Mittwoch. Das gilt aber nur für Banker, die keinen Kundenkontakt haben.

Also braucht der Mann Anzüge. Für jeden Tag einen. Aber wir wissen ja alle, wie die meisten Männer zu Mode stehen. Lieber schauen sie sich das unwichtigste Fußballspiel im Fernsehen an, als ausgiebig shoppen zu gehen. Andererseits kann ein Mann in einer unglaublich kurzen Zeit eine Kaufentscheidung fällen.

Das ist die Win-win-Situation des Alexander Desch. Er nennt sich »Anzug-Alex« und düst schon seit anderthalb Jahrzehnten durch die Mainmetropole. Immer mit seinem schwarzen Transporter, in dem er Kleiderstangen installiert hat.

Auf Spontananruf oder auf Termin kommt er in der Mittagspause vorbei, oder eine ganze Abteilung darf mit Erlaubnis des Chefs in einer ruhigen halben Stunde die neuen Stücke aussuchen. Für Frauen hat er nichts dabei. »Habe ich ausprobiert, die schaffen es aber nicht, in zehn Minuten eine Kaufentscheidung zu treffen«, meint Alex. Außerdem ist seine extreme Kumpelhaftigkeit – nach ein paar Minuten ist er fast immer mit dem Kunden per Du – eher gut für das Verkaufsgespräch mit einem Mann. Auch mit einem zotigen Witz kann der Herr der Anzüge immer dienen.

Krawatten kosten ungefähr 20 Euro, Hemden das Doppelte, und für einen Anzug belastet Alexander Desch die Karte des Kunden mit 180 bis 400 Euro. Kein schlechter Deal, wenn man das mit dem Angebot der stationären Herrenausstatter vergleicht.

Selbst Sportler wie Fußballstar Maik Franz oder Ex-Weltklasse-Hochspringer Carlo Thränhardt und andere Prominente, die eigentlich genug Zeit hätten, ein normales Geschäft aufzusuchen, mögen den Hausservice des gelernten Industriekaufmanns. Anzug-Alex ist Kult, zieht die Geschäftswelt an und spart ihr damit Zeit.

Weil der »Brückenwall« anziehend wirkt und Stilblüten schön sein können

Wer auf junge Mode steht, wer immer gern ein interessantes Designerstück, das es nur einmal gibt, ergattern mag, der muss den »Brückenwall« kennen. Denn hier lebt die junge Mode Frankfurts. Hier haben die Designer, die ihre Freiheit schätzen und ihr eigenes Ding machen wollen, ihre Läden. Wenn Sie nun im Stadtplan nach diesem Brückenwall suchen, werden Sie verzweifeln – es gibt ihn nicht. Vielmehr ist es die Bezeichnung für das gesamte Viertel in Sachsenhausen, rund um die Wallstraße und die Brückenstraße.

Vor Jahren war hier die Bausubstanz etwas heruntergekommen, die unmittelbare Nachbarschaft des damals sehr schmuddeligen Apfelweinviertels Alt-Sachsenhausen war auch ein Minuspunkt.

Shop-Namen wie »Frauenkluft«, »Ich war ein Dirndl« oder »Lieblingsstücke« sprechen für Kreativität. Oder »Charlotte am Main«, wo Charlotte Chiara Köhler mit ihrem Kompagnon zum Beispiel Kleider im Sixties-Stil anbietet, mal ausgefallen frech, mal weniger, aber immer tragbar. Einmal im Jahr, Anfang September, steigt in den beiden Straßen das große Fest.

Aber die Kreativen haben auch ihre eigene Messe. Die heißt herrlich ironisch »Stil-Blüten« und wird von der Szenefrau Stella Friedrichs veranstaltet. Im Jahr 2004 begann die Messe als kleine Veranstaltung in der Nähe der Brückenstraße, heute kommen zum jährlichen Event mindestens 5.000 Besucher, und gut 100 Designer stellen ihre Stücke aus.

Die gebürtige Frankfurterin Friedrichs hätte sich ein Modestudium für sich vorstellen können, wollte aber nicht aus Frankfurt wegziehen. Also wurde sie Werbetexterin und DJane. Dass Frankfurt in Sachen Mode so unterschätzt wird, möchte Stella Friedrichs ändern. »Berlin ist eher cool und hip, München mondän und schick. Frankfurt wirkt da fast gesichtslos, aber nicht so geleckt. Aber genau das finde ich gut«, sagt sie. Und fügt hinzu, man werde in Frankfurt herausgefordert, »selbst etwas zu unternehmen, auf die Beine zu stellen«.

Ihr Problem ist eher, dass sie jedes Jahr eine noch größere Location für ihre »Stil-Blüten« suchen muss. Denn diese alternative Fashion-Week wird immer populärer.

Foto: © Picasa

JENS PREWO, Jahrgang 1968, ist zwar nicht gebürtiger Frankfurter, aber fast: Im zarten Alter von zwei Wochen wurde er von seinen Eltern durch Umzug an den Main verschleppt. Zwischenzeitlich hat er in den USA, Paris und Saarbrücken gelebt, heute arbeitet er als freiberuflicher Journalist für TV- und Printmedien wieder am Main. Im JOURNAL FRANKFURT erscheint alle 14 Tage seine »Leute«-Kolumne.

Jens Prewo
111 GRÜNDE, FRANKFURT ZU LIEBEN
Eine Liebeserklärung an die großartigste Stadt der Welt

ISBN 978-3-89602-970-6

KATALOG
Wir senden Ihnen gern kostenlos unseren Katalog.
Schwarzkopf & Schwarzkopf Verlag GmbH
Kastanienallee 32, 10435 Berlin
Telefon: 030 – 44 33 63 00 | Fax: 030 – 44 33 63 044

INTERNET | E-MAIL
www.schwarzkopf-schwarzkopf.de | info@schwarzkopf-schwarzkopf.de

BILDNACHWEIS
COVERFOTOS – Großes Foto © Medioimages/Photodisc/thinkstock.com. Kleine Fotos von von oben: © Philip Lange; © Ivelin Ivanov; © Andrew Chambers; © Patrick Poendl; © Medioimages/Photodisc; © Medioimages/Photodisc; © Medioimages/Photodisc (alle www.thinkstock.com) | BILDER IM INNENTEIL – Seiten 10–11: © Bernd Wittelsbach/thinkstock.com; 34–35: © Philip Lange; 56–57: © SeanPavonePhoto/thinkstock.com; 78–79: © www.frankfurt.de; 98–99: © Alban Egger/thinkstock.com; 119: © Medioimages/Photodisc/thinkstock.com; 141: © www.wikipedia.org; 158–159: © Medioimages/Photodisc/thinkstock.com; 177: © Vora/thinkstock.com; 199: © Marcus Lindström/thinkstock.com